DA CI'EN SI

大 慈 恩 寺

雁塔大唐三寺

大 慈 恩 寺

主 编 王宝成
副主编 王 鹏
编 著 陈正奇 封五昌 等

西北大学出版社
·西安·

图书在版编目（CIP）数据

雁塔大唐三寺：大慈恩寺／王宝成主编. —西安：西北大学出版社，2021.8
ISBN 978-7-5604-4773-5

Ⅰ.①雁… Ⅱ.①王… Ⅲ.①佛教—寺庙—研究—西安 Ⅳ.①B947.241.1

中国版本图书馆CIP数据核字（2021）第162408号

雁塔大唐三寺——大慈恩寺
YANTA DA TANG SAN SI——DA CI'EN SI

主　　编	王宝成
副 主 编	王　鹏
编　　著	陈正奇　封五昌　等
出版发行	西北大学出版社

（西北大学校内　邮编：710069　电话：029-88302621　88303593）
http://nwupress.nwu.edu.cn　　E-mail: xdpress@nwu.edu.cn

经　　销	全国新华书店
印　　装	陕西博文印务有限责任公司
开　　本	787毫米×960毫米　1/16
印　　张	16
版　　次	2021年8月第1版
印　　次	2021年8月第1次印刷
字　　数	262千字
书　　号	ISBN 978-7-5604-4773-5
定　　价	98.00元

本版图书如有印装质量问题，请拨打电话029-88302966予以调换。

《雁塔大唐三寺——大慈恩寺》编审委员会

名誉主任 王 斌 崔诗越

主　　任 史 青

副 主 任 王宝成

委　　员 邓 朋　吴艳玲　负孝民　周 亚

　　　　　　李亚省　李小红　任睿娥　朱红斌

　　　　　　冯少林　赵 超　王 鹏

主　　编 王宝成

副 主 编 王 鹏

执行主编 陈正奇　封五昌

顾　　问 李颖科　李 浩　常焕良　马 来

　　　　　　李利安　高从宜　李海波

编　　著（按姓氏笔画排序）

　　　　　　于凤军　王建国　陈正奇　封五昌

　　　　　　赵均强　贾俊侠　魏 兴

序 一

这是继《大兴善寺》之后,又一部展现雁塔区历史文化根脉的文史类图书。它带着淡淡的墨香,终于和读者见面了。

中华历史号称上下五千年,可谓悠久。悠久的历史文化令人骄傲和自豪。西安市雁塔区因举世闻名的大雁塔而得名,大雁塔就坐落在大慈恩寺内,被视为古都西安的地标性建筑。唐高宗建大慈恩寺,玄奘建大雁塔。千年古寺的悠悠钟声,千年古塔的伟岸身姿,共同铸就了雁塔区物华天宝、人杰地灵的独特人文历史氛围。雁塔区历经秦汉的初露锋芒、隋唐的盛世繁荣及明清的绵延流长,文物古迹丰富珍贵,风物景致钟灵毓秀。伴随着时代发展的大潮,今日之雁塔区与时俱进,异彩纷呈:它是西安市的政治中心,是多种发展要素融合的中心,是科教资源的中心,是文化旅游的中心……作为2020年全国百强区的第十六名,雁塔区经济总量在西部领先,科教实力在西部领先,商贸发展在西部领先,营商环境在西部领先……可以说,是博大精深的历史文化滋养了雁塔区,让雁塔区更具底蕴、更具魅力。当前,雁塔区作为西安市的主城区,正按照"五个扎实"和"追赶超越"的要求,聚焦"一区五城一根本"总战略和"一轴一带六板块"空间发展格局,为建设成为全国一流社会主义现代化新城区而努力奋进。

"合尖百丈插秋旻,俛仰千年感慨频。"这本书用翔实的文史资料介绍了佛教文化的传入、大慈恩寺的修建、大雁塔的建造和高僧大德在大慈恩寺的云集,展现了中国的佛教文化;通过讲述发生在大雁塔下的革命历史故事,展现了百年前的历史沧桑。"肖然古塔倚青霄,胜览何妨去路遥。"这本书还通过丰富的史实,介绍了大慈恩寺在千年中外文化交流中的桥梁作用,中华人民共和国成立后大慈恩寺文化保护的兴盛,以及现在大雁塔作为历史文化旅游胜地的现状,展示了国运的昌盛和文化的繁荣。

抚今追昔,鉴往知来。雁塔区政协组织专家学者编辑出版的这部文史著作,记录历史,传承历史,弘扬优秀传统文化,为我们呈现了雁塔区乃至西安市浓浓的历史气息、深厚的文化底蕴。弘扬雁塔文化,讲好雁塔故事,是雁塔区文史工作者深深的情怀,也是每一位雁塔人的责任。希望读者朋友们在鉴赏、交流中了解雁塔,宣传雁塔。

西安市雁塔区委书记　王斌
2021年6月于西安雁塔

序 二

雁塔区地处西安城南部，因辖区内举世闻名的大雁塔而得名。大雁塔坐落在大慈恩寺内，该寺是中国佛教法相宗（又称唯识宗、慈恩宗）的祖庭，在唐代位于长安城晋昌坊内，是唐长安三大译场之一，迄今已历1370余年，被视为古都西安的象征。

大慈恩寺是唐长安城内最著名、最宏丽的佛寺之一，为李唐皇室敕令修建。唐太宗贞观二十二年（648年），太子李治为追念慈母文德皇后长孙氏之恩而建，故以"慈恩"为名。玄奘曾在这里管理寺务，主持佛经译场，创立了汉传佛教八大宗派之一的法相宗。寺内的大雁塔也是玄奘亲自督造的。所以，大慈恩寺在中国佛教史上具有十分突出的地位，一直受到国内外佛教界的重视。

一千多年来，大慈恩寺经历了唐贞观至长安时期的繁荣辉煌、唐开元至广明年间的盛极而衰、五代到清代的复兴与衰败、近代的兵燹之祸。现在的大慈恩寺只是唐代大慈恩寺西塔院的一部分，其余部分早已在战火中荡然无存。20世纪80年代以来，政府投入巨资改造大慈恩寺一带，修建了大雁塔广场，建成大唐不夜城。大慈恩寺现已成为西安市的网红打卡地，是西安市重要的文化地标。

如何让大慈恩寺的人文光辉长留青史？西安市雁塔区政协广邀专家学者，从文史的角度出发，广泛搜集、深挖各类资料，积两年之功，推出了这部书。这是继《大兴善寺》之后，又一部展示雁塔区历史文化特色的文史类图书。该书共 9 章内容，另有附录部分，共 20 多万字，展现了雁塔区悠久的历史和深厚的文化底蕴。

为这样一部文史类图书作序，与有荣焉，幸甚至哉！捧读之后，心生感慨，聊以记之，谨为序。

西安市雁塔区委副书记、区长　崔诗越
2021 年 6 月于西安雁塔

前　言

西安作为世界历史文化名城、十三朝古都、国家中心城市之一，是我国重要的科研、教育、工业基地。在西安主城区南部，耸立着一座始建于盛唐，至今已屹立逾千年的重要地标性建筑——举世闻名的大雁塔。在大雁塔下，有一个面积为152平方千米、常住人口近130万、下辖8个街道办事处的行政区——西安市雁塔区。在雁塔区境内，先后发现新石器时代遗址10多处。西周时曾在此设杜伯国。秦武公十一年（前687年），在此设立了我国最早的县之一——杜县。人类历史上第一个人口超过百万的国际化大都市唐长安城108坊中，有55坊坐落于此。今日雁塔辖区内不仅有鱼化寨、弓背崖、田家湾、马腾空等新石器时代遗址，还有西周杜伯国故城、秦二世胡亥墓、秦汉宜春苑、汉宣帝杜陵、晁错故园，以及隋唐大兴善寺、大慈恩寺、青龙寺、木塔寺、皇家祭天天坛、曲江池、定昆池、延兴门、启夏门、明德门、安化门、延平门等古迹。中华人民共和国成立之初，这里被规划为文教区。如今，西安交通大学、西安电子科技大学等近40所高等院校和50多家省部级以上科研院所常驻于此。由此，雁塔区可谓是传统文化与现代科技汇集之地。

如果说汉唐文明之根在陕西，那么雁塔区所在区域无疑是这条根的重要组成部分。仅以佛教文化为例，公认的汉传佛教有八大祖庭，其中六个在陕西，而雁塔区境内就有两个，一个是密宗祖庭大兴善寺，另一个是法相宗

（唯识宗）祖庭大慈恩寺。此外，被日本真言宗奉为祖庭的青龙寺也在雁塔区境内。为弘扬优秀传统文化，树立文化自信，作为雁塔人，我们有责任、有义务对其进行深入的挖掘，并将其整理、传播。基于这种认识，西安市雁塔区政协第十一届委员会决定编写、出版一套丛书，介绍佛教历史文化及其社会影响，取名《雁塔大唐三寺》。为此，我们做了大量的前期调研工作，并广泛地征集资料。多年来，社会各界从不同角度对大兴善寺、大慈恩寺和青龙寺所做的研究、描述、学术探讨等方面的专著已经有很多了，但从文史角度撰述的专著不多，这使我们编写这套丛书有了明确的方向。

自2019年征稿以来，我们收到了专家学者编著的多种关于大慈恩寺的书稿。经慎重比对，采用本书稿。我们将本书稿修改完善后，委托西北大学出版社邀请专家对书稿进行了评审，并专请原西安市宗教局局长常焕良先生、大慈恩寺增勤方丈审订并提出修改意见。我们在认真研究、充分吸收各种意见和建议的基础上，对书稿的结构做了大幅调整，形成了终稿。在此，我们对各位专家学者为本书所做的贡献致以深深的谢意。由于我们水平有限，疏漏之处在所难免，敬请广大读者批评指正。

巍巍雁塔，耸立城南，已逾千年，历经岁月沧桑、朝代更迭，见证了西安的兴衰。它能够保留至今，既是中华文化的幸事，也是西安这座古城的幸事。能为大雁塔和慈恩古刹做出些微贡献，是我们一批政协文史人的心愿。愿这本小书能为宣传西安、宣传雁塔、弘扬佛教文化尽到微薄之力，也希望读者喜欢它。

目　录

第一章　佛自西来

第一节　佛教的产生及其教义……………………1
第二节　佛教传入中国及其盛行……………………5
第三节　佛教的中国化……………………15
第四节　佛教的宗派及其祖庭……………………18

第二章　报慈母恩

第一节　大慈恩寺的由来……………………32
第二节　大慈恩寺的建造……………………38
第三节　大慈恩寺的历史沿革与修缮……………………55

第三章　鸿雁西来

第一节　千秋盛誉赞玄奘……………………70
第二节　负笈关山百万重……………………73
第三节　《大唐西域记》……………………76
第四节　大雁塔的修建……………………79
第五节　雁塔曾将贝叶藏……………………83

第四章　慈云重荫

第一节	慈恩祖庭	86
第二节	法相宗简介	90
第三节	唐皇室与大慈恩寺	101
第四节	慈恩道场	106
第五节	二帝《圣教序》	109

第五章　高僧大德

第一节	窥基法师	114
第二节	圆测法师	117
第三节	缀文大德	118
第四节	道因法师	120
第五节	怀素法师	121
第六节	善导法师	122
第七节	妙阔法师	122

第六章　慈恩诗文

第一节	雁塔题名与雁塔诗会	124
第二节	大慈恩寺历代诗词曲选	129
第三节	大慈恩寺文选	164

第七章　雁塔风云

| 第一节 | 大雁塔下立盟誓，共图大举促"反正" | 171 |
| 第二节 | 西安"反正" | 174 |

第八章　文化交流

| 第一节 | 大慈恩寺与丝绸之路 | 178 |
| 第二节 | 大慈恩寺与中印文化交流中的高僧大德 | 183 |

第三节　大慈恩寺与新罗僧、日本学问僧 186

第四节　当代大慈恩寺的重要佛事活动 191

第九章　梵境新宇

第一节　中华人民共和国成立后大慈恩寺与大雁塔的情况
.... 196

第二节　大慈恩寺与大雁塔的现状 201

第三节　大慈恩寺的僧众组织及其生活情况 213

第四节　曲江新区大雁塔·大唐芙蓉园 217

附　录

附录一　有关大慈恩寺的历史传闻 228

附录二　大雁塔歃血结盟人物小传 231

附录三　大慈恩寺近20年（2000—2020）大事记 237

第一章 佛自西来

佛教是世界三大宗教之一，创建于印度。相对于中国本土宗教而言，它是外来宗教，在两汉之际传入中国。它先传至西域诸国，然后沿着张骞开辟的丝绸之路东来。伴随着西晋时期的"五胡乱华"，少数民族纷纷内迁，长安与洛阳逐渐成为印度佛教的两大传译基地。及至大唐，印度佛教按照中国人的需求与习惯，受到中国传统文化的影响，走向了中国化。也就是说，印度佛教在中国传播数百年后，渗入了大量中国文化元素，逐渐演变成中国佛教。

第一节 佛教的产生及其教义

一、佛教的产生

佛教起源于公元前 6 世纪至前 5 世纪的古印度，是最早流行于古印度一带的宗教。佛教的产生与印度的种姓制度密切相关。佛教的创始人是乔达摩·悉达多，乔达摩是族名，悉达多是本名，属于刹帝利种姓、释迦部落。门徒们都称他为"佛"或"佛陀"，译成汉语就是"浮屠"，意为大彻大悟之人；又称"释迦牟尼"，即释迦族的贤者。

乔达摩·悉达多生活在公元前 565 年至公元前 486 年之间。他出生在喜马拉雅山与恒河之间由释迦部落建立的迦毗罗卫国（在今尼泊尔境内），生来显贵，是个王子，他父亲是迦毗罗卫国的净饭王。他生活优渥，自幼接受婆罗门教育。

据佛经中说，乔达摩·悉达多的母亲摩耶回娘家时，经蓝毗尼园（在今尼泊尔境内鲁潘德希县）时生下佛陀，7天后就去世了。乔达摩·悉达多是被姨母养大的。16岁（一说19岁）结婚，娶觉善王女耶输陀罗为妻，不久后生子。29岁弃家出走，成为苦行者。释迦牟尼离家出走后，先到摩揭陀国首都王舍城郊外漫游，跟随阿罗逻·迦罗摩和郁陀罗·罗摩子修行禅定。然而二位先驱大师并不能解决人生脱苦的问题，于是他便来到苦行林，在尼连禅河边静坐冥想，苦行苦思。

据《佛教故事》说，乔达摩·悉达多在森林里漫步，常常进入苦思冥想。虽形索体羸，还是不能达脱苦之道。他后来又在菩提树下打坐了七天七夜（一说

佛教圣树——菩提树

七七四十九天），终于大彻大悟，得道成佛，因而被称为"佛陀"，或简称"佛"，意译为"觉悟者"。这一年，他35岁。从此，他创立佛教，传教布道40余载，足迹遍布恒河流域，直到80岁涅槃。释迦牟尼否认婆罗门教等级制度的权威性，反对杀生祭祀和烦琐复杂的宗教仪式，提倡"普渡众生"，因此受到人们的普遍欢迎和信奉。

佛陀灭度百年，佛教学说没有产生大的分歧，佛教没有出现分派现象。百年后，佛教分成上座和大众两大部派。再后来，这两大部派又分出18部派（上座部派分出10个部派，大众部派分出8个部派）。用后世的历史眼光考察这些派别，它们在思想范畴上都属于唯心主义宗教神学，在本质上并没有多大区别。

二、佛教的教义

乔达摩·悉达多成佛以后，开始了长达45年的传教活动。他传教完全不同于婆罗门教：他既不谈抽象的"梵""我"，也不要求教徒举行烦琐的宗教祭祀仪式，而是从人们日常生活中容易遇到的问题说起。他宣传的基本教义主要是四谛说、十二因缘、五蕴说和无常无我说。

所谓四谛，就是佛教所说的四条真理。"谛"含有"实在"或"真理"的意思。四谛又称"四圣谛"，即苦、集、灭、道。

所谓苦谛，在于说明世界上一切皆苦，人生无事不苦。释迦牟尼把苦分为8种，即生苦、老苦、病苦、死苦、怨憎会苦（和不爱的事物或不爱的人会面的痛苦）、爱别离苦（和所爱的事物或所爱的人离别的痛苦）、求不得苦（欲望不能得到满足的痛苦）和五取蕴苦（一切身心的痛苦）。苦的根源，佛教称之为集。

集谛就是对苦因的推究。释迦牟尼认为，产生苦的原因是人们有欲望，有欲望就会有行动，有行动就会造业，造业就不免会受轮回之苦。

灭谛是在明白集谛道理的基础上，灭绝致苦的原因——欲望，从而进入解脱的境界，达到永恒的寂灭。此种境界，称为涅槃。要超脱苦海，达到不灭不生的涅槃境界，就必须修道，是为道谛。

释迦牟尼提出8条修道的要领，就是八正道：（1）正见（信仰正）；（2）正思维（决心正）；（3）正语（语言正）；（4）正业（行为正）；（5）正命（生活正）；（6）正精进（努力正）；（7）正念（意念正）；（8）正定（精神集中，打禅入定正）。这八正道又可概括为"戒"（包括正语、正业、正命）、"定"（包括正定、正念）、"慧"（包括正见、正思维、正精进）三字。

 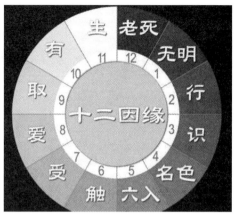

八正道图解　　　　　　　　　　十二因缘图解

释迦牟尼的十二因缘说就是把人生分成彼此因果相生、次第相接的12个环节，即无明（贪痴之类的烦恼心）引起行（前生由于无明之惑而造的善恶诸业），行引起识（由前生所造种种善恶诸业，汇集成为托胎投生的生命主体），识引起名色（托胎后的身心状态），名色引起六入（胎儿的眼、耳、鼻、舌、身、意等六种感觉器官），六入引起触（即婴儿出生后，其六入与外在的对象接触，从而产生感触和认识），触引起受（由接触处境而感受到的或苦或乐、或爱或憎的心境），受引起爱（有苦乐爱憎的感受，就会产生对事物的贪求和欲望），爱引起取（既有对外物的贪欲，便会在行为中表现为对外物的索取或占有），取引起有（在行动上有所索取，就是造业，从而种下来世果之因），有引起生（既有生之业存在，必然导致来世之再生），生引起老死（既有来世之生，必得老病而死亡）。

这十二因缘，决定了人的过去、现在和未来，是一个不断流转的过程。其中，无明与行是过去之因，识、名色、六入、触、受是现在之果，爱、取、有是现在之因，生、老死则是未来之果。此说的内容，实际上是四谛中苦谛与集谛的发展，目的在于说明人受业轮回之苦是必然的。

释迦牟尼的五蕴说，就是他对世界的总看法，即世界观。他把世界分成五蕴，所谓"五蕴"之"蕴"，就是"积聚、堆"的意思。五蕴即色蕴（物质现象）、受蕴（感觉或感受）、想蕴（知觉或表象作用）、行蕴（意志）、识蕴（意识或认识作用）。色蕴中包括四大元素（地、水、风、火）和由四大元素组成的感觉器官（眼、耳、鼻、舌、身）以及感觉的对象（色、声、香、味、触）。释迦牟尼认为，世界上的一切现象都是五蕴因缘汇合而成的，合则为生，分则为灭。五蕴之外，别无其他。

释迦牟尼甚至还认为，五蕴分合为无常，因此世界上既不存在任何永恒不灭的事物，也不存在一个常一主宰的自我或灵魂。这就是佛教的无常无我说。他还宣称，只有认识到无常无我的道理，人才能摆脱无明的状态，既不会为"我"所驱使而产生贪欲，也不会为满足贪欲而产生苦乐的感受和索取的行动，就能达到不生不灭、绝对寂静的涅槃境界。

为了扩大社会基础，让低级种姓的人入教，释迦牟尼提出宗教面前"众生平等"，以此反对婆罗门教长期坚持的种姓区别。因此，释迦牟尼的传教活动很快取得了成功。他传教的第一年，就有1000多人成为佛教徒，其中有国王、大臣、婆罗门、商人、手工业者、渔夫及妓女、盗贼等。到他80岁涅槃时，佛教已传遍了恒河流域。

释迦牟尼在世时，佛教主要在恒河流域传播。他涅槃后，其弟子的活动地区和影响所及东至恒河下游，南至高达维利河畔，西至阿拉伯海岸，北至呾叉始罗。孔雀王朝（公元前4世纪至前2世纪）时，阿育王把佛教奉为国教。从此，佛教开始向印度次大陆的毗邻地区发展，东到缅甸，南抵斯里兰卡，西到叙利亚、埃及等国，一跃成为世界性宗教。在贵霜帝国兴起时（公元1世纪左右），又传到伊朗、中亚各国，然后经丝绸之路传到中国。

第二节　佛教传入中国及其盛行

关于佛教传入中国的时间，文献中记载不一，大约在两汉之际。

一、佛教传入中国

佛教在公元前3世纪的阿育王时期被奉为印度国教，开始向周边地区和国家传播。佛教向南传入斯里兰卡和东南亚诸国，向北传入大夏、安息及大月氏，并越过葱岭（今帕米尔高原），传入中国的西北地区，最后传入中国内地。在中国内地也是由西向东传播的，即从长安到洛阳。

佛教传入中国西北部的龟兹（今新疆库车一带）、于阗（今新疆和田一带）等国时，大约在公元前1世纪，相当于汉武帝后期。至于传入中国内地的确切时间，尚无定论，有待考证。

据隋费长房《历代三宝记》记载："始皇时，有诸沙门释利防等十八贤者，赍经来化。始皇弗从，遂禁利防等。"①由此可见，当时的秦始皇并不待见他们来传教，还将其打发回去。但这说明当时印度沙门已到达咸阳是一个不争的事实，只是没有被秦人接受罢了。

到了汉武帝时期，张骞探险到达西域诸国，从大月氏那里知道了身毒（音yuān dú，古印度的别译，见《辞海》）国。"身毒"也被译为"天竺"，一般认为是北印度，唐代才正式被译成"印度"。此事在《史记》《汉书》《后汉书》中都有记载。据《魏书·释老志》记载，"及开西域，遣张骞使大夏还，传其旁有身毒国，一名天竺，始闻有浮屠之教"②。在此，"佛教"被译为"浮屠"（或"浮图"）。可见，中国内地的佛教主要是在张骞凿空西域之后，沿着丝绸之路由西向东而来，即由西北边疆逐渐传向内地。据《洛阳伽蓝记》《魏书·西域传》《大唐西域记》等书记载，公元前1世纪时，佛教已通过丝绸之路先后传到了西域的龟兹、于阗、疏勒（今新疆喀什一带）、莎车（今新疆莎车一带）、高昌（今新疆吐鲁番市高昌区一带）等地，这是佛教传入我国新疆地区之始。这就是我们常说的"佛自西来"。

"哀帝元寿元年（公元前2年），博士弟子秦景宪受大月氏王使伊存口授浮屠经。"③说明至少在西汉末年，大月氏国便派遣使者到长安，以口授的方式传播佛教。这是佛教传入中国内地及中国人诵习佛经的最早记录，也是汉人接受

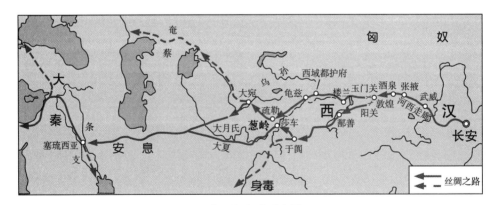

汉代丝绸之路示意图

---

① [隋]费长房. 历代三宝记 [M]. 郑州：河南人民出版社，2013.
② [北齐]魏收. 魏书 [M]. 北京：中华书局，1974.
③ [北齐]魏收. 魏书 [M]. 北京：中华书局，1974.

佛教的开始,更是西域向内地传教的开始。此后,佛教在民间也悄然传开。这一时期应是佛教在中国传播的初级阶段。

汉明帝画像

过去,中国人普遍认为佛教为国人所接受是在东汉明帝时期。史称永平七年(64年)某日,汉明帝夜梦金人,身高六丈,顶佩日轮,飞至殿庭,后飘然升空,往西方而去。次日早晨,汉明帝询问群臣:此乃何物?有一大臣名叫傅毅,回答说:"陛下梦见天竺的佛了。"可见,当时佛教不仅在民间传播,统治集团中也有人知道佛教。

到了永平十年(67年),汉明帝派中郎将蔡愔、秦景,博士王遵等18人前往西域求取佛法,"写浮屠遗范"。他们到达大月氏占据的祁连山一带,写取佛经《佛说四十二章经》,并迎佛像及西域沙门高僧迦叶摩腾(亦作摄摩腾)、竺法兰回到洛阳。蔡愔等回来时用白马驮着经卷,因此在洛阳兴建了中原第一座佛教寺院——白马寺,以安置来到东土的西域高僧迦叶摩腾和竺法兰。有人认为"中国有僧寺自此始"[①]。

然而,关于佛教传入中国的时间,现在史学界一般认为是西汉末期。

洛阳白马寺

---

① 蒋维乔. 中国佛教史 [M]. 北京:商务印书馆,2015:3.

二、梵僧东来

据传,佛教传入中国,首先是佛像,其次是佛经,最后才是佛经的传译。汉光武帝刘秀之子楚王刘英是我国历史上见于正式记载的信奉佛教的第一人。《后汉书·楚王传》明确记载:"英少时好游侠,交通宾客,晚节更喜黄老,学为浮屠,斋戒祭祀。"[1]这是东汉上层贵族人士接受佛教的最早记录。

中国人对佛教最初是一知半解的,因为从天竺传来的佛教是用梵文写成的,大多数中国人不认识梵文。所以,要了解佛教教义,就必须把佛经翻译过来。中国最早的佛经译本应是《佛说四十二章经》,是迦叶摩腾和竺法兰在白马寺翻译出来的本子。

迦叶摩腾和竺法兰两位高僧是中天竺人,佛学知识渊博,坚持苦行,常年游学于天竺各地,以弘传佛教为毕生夙愿。听说蔡愔等人不远万里西行到大月氏取经,便欣然同意与其一道东传佛法。此二人应是最早来到东土的西方梵僧。

东汉末年,西域安息(今伊朗)人安世高和月氏人支娄迦谶来到中国翻译佛经。安世高,名清,字世高,系安息国王子,博学多才,舍弃锦绣江山,一袭袈裟,不远万里,行经西域,在桓帝建和元年(147年)来到洛阳,从事佛经翻译工作。他译出佛教经典35部,共41卷。他翻译的佛经,义理明晰,文字允正,可以说他是佛经汉译的创始人。

迦叶摩腾(左)与竺法兰(右)画像

---

[1] [刘宋]范晔. 后汉书[M]. 北京:中华书局,2000.

支娄迦谶是月氏国人,是最早将大乘佛法传入中国的西域高僧。安世高所译佛经为小乘经典,而支娄迦谶所译佛经是对中国后世影响更大的大乘佛经,不仅为统治者所接受,而且深入民间,成为魏晋南北朝时期的显学。支娄迦谶在汉桓帝延熹十年(167年)来到洛阳,翻译佛经3部,共14卷。

可以说,安世高和支娄迦谶是中国佛经翻译的标志性人物,从此佛教在中国正式传播。在此二人之后,不断有梵僧来到东土,或翻译佛经,或传播佛教教义。

支谦也是月氏国人,生长在中土,为支娄迦谶的再传弟子。初居洛阳,后寓居东吴。自黄武初年(222年)至建兴(252—253)前后30余年间,翻译经卷49种。《高僧传》称他"曲得圣义,辞旨文雅"。支愍度也认为支谦的译笔"颇从文丽","俗而义显"。①

康僧会,其祖先为康居人,"世居天竺,其父因商贾移于交趾"②。从东吴赤乌十年(247年)到晋太康元年(280年),康僧会一直住在建业(今江苏南京),前后译出《阿难念弥经》《镜面王经》等多部佛教经典,南朝僧祐说他"妙得经体,文义允正"。

竺法护,梵名昙摩罗刹,月氏国人,流寓敦煌。西晋武帝时,竺法护随其师遍游西域诸国,通36国语言,"大赍梵经,还归中夏"③,在关中设译场,先

支谦翻译的《百缘经》封面

竺法护画像

---

① 见《出三藏记集》,引自《合首楞严经记》。
② 见《出三藏记集·康僧会传》。
③ [南朝梁]慧皎,[唐]道宣,[宋]赞宁,等. 四朝高僧传[M]. 北京:中国书店,2018.

后翻译佛经165部。他"终身写译,劳不告倦",对佛经翻译做出了重要贡献。释道安称赞他的翻译"纲领必正""宏达欣畅"。他不仅在华、梵之间起到中介作用,而且开创了关中译经基地。

三、华僧西行

在佛教东传的过程中,梵、华诸僧都做出了重大贡献,写下了东西方文化交流史上的重要华章。其中既有梵僧送经、传经的重要经历,自然也有中土华僧不辞艰辛西行取经的重大活动。

朱士行,颍川(今河南禹州)人,三国魏高僧,在白马寺受戒,是中国早期的汉族佛教徒,也是第一位西行取经求法者。曹魏甘露五年(260年),朱士行从长安(今陕西西安)出发,通过河西走廊到敦煌,越过流沙到达于阗国。在那里,他得到了《大品经》梵本,共抄写90章,60余万字。后来他派弟子弗如檀等将抄好的经卷送回洛阳,自己仍留在于阗。第二年去世,享年79岁。朱士行虽未能到达天竺,但凭赤诚之心西行求法,到达已佛教化的西域地区,可算是首创之举。汤用彤、吕澂对其西行求法的壮举予以高度评价,一致认为朱士行是开创风气的先锋,可与后世的法显、玄奘相媲美。

此后,曾有西晋武帝时(265—290)僧建自关中西行,到达今阿富汗境内。十六国时期,终于出现了法显首次完成入天竺求法的伟大壮举。

法显,俗姓龚,平阳武阳(今山西临汾)人,东晋高僧,3岁出家做沙弥,20岁受比丘戒。常叹律藏残缺,誓志寻求。后秦初年居长安学佛,迫切地寻求戒律,于是与同学慧景、道整、慧应、慧嵬于后秦弘始元年(399年)从长安出发,前往天竺求法。第二年,出玉门关到达鄯善(今新疆若羌一带)。原计划经龟兹到疏勒,可是西域北道诸国都信奉小乘佛教,并不欢迎大乘教徒。因此,法显他们只好改道南行,经于阗翻越葱岭,进入北天竺,终于到达目的地。此一路,"其道艰阻,崖岸险绝,其山唯石,壁立千仞。临之目眩,欲进则投足无所"[①],可见其艰辛程度。

法显在北天竺、西天竺停留了3年,于公元405年到达印度笈多王朝的首

---

① [东晋]法显. 佛国记[M]. 重庆:重庆出版社,2008.

都巴连弗邑（即今巴特那）。在那里又留学了3年，"学梵书、梵语，写律"等，得到了一批经卷，收获颇丰。在此期间，法显还前往迦毗罗卫城参拜释迦牟尼的诞生地。这是中国人第一次进入尼泊尔地区，具有非同寻常的历史意义。

法显《佛国记》书影

两年后，法显离开巴连弗邑，到天竺各地巡礼求法。409年冬，他搭载商船，经师子国（今斯里兰卡）、耶婆提国（今爪哇国），走水路回国。一路饱经波涛之苦、迷航之厄，直到412年7月才在牢山（今山东青岛崂山）登陆，回到祖国。此时距离他离开长安西行已经整整过去13年零4个月。

法显是第一位周游五天竺并取回真经的东土高僧，他的西行具有"凿空"的历史意义，成为后世中国僧侣西天取经的典范。

就在法显离开长安西天取经5年之后，又有关中名僧智猛从长安西行。智猛是京兆新丰（今陕西西安东北）人，少年出家，敏而好学，矢志外求真经，因闻得海外道人说天竺有释迦遗迹，遂生求法之心。他于后秦弘始六年（404年）与同行沙门15人结伴从长安出发，大体沿着法显的西行路线，出阳关，经于阗，越葱岭，历经艰辛到达罽宾国（今克什米尔一带），然后到佛祖释迦牟尼的出生地迦毗罗卫国朝圣，最后到达天竺首邑华氏城（即巴连弗邑）。直到刘宋元嘉元年（424年）才从天竺返回。同行15人中，有9人中途畏难而退，到天竺时仅剩5人。后又有3人病故，最后只有智猛和昙纂回到凉州，在那里译出《大般泥洹经》20卷。此后，智猛留在北方传教，后于刘宋元嘉十四年（437年）入蜀，卒于成都。

十六国时期的大夏盘踞陕西时，名僧昙无竭经关中西行取经求法。昙无竭，意译为法勇，俗姓李，幽州黄龙（今辽宁朝阳）人，为沙弥，修苦行。昙无竭闻法显等躬践佛国，遂于夏真兴二年（420年）出发，同行25人，经吐谷浑（在今甘肃、青海一带）、高昌改道丝路北道，由龟兹过葱岭，一路西行，比法显、智猛之行更为艰险。在越葱岭大雪山时，遇悬崖峭壁，旧有栈道已毁，石壁上仅留栈孔。昙无竭一行每人执4根木桩，边插桩边拔桩，脚踩下桩，手攀上桩，辗转三天才通过悬崖，25 人中有 12 人在此因失手而丧生。[①]此后，在从罽宾国至中天竺途中，又有 5 人死亡，仅余 5 人到达中天竺。昙无竭最后从南天竺乘船泛海回到广州时，只剩下他一人了。

北魏统一北方后，又有惠生、宋云奉命到天竺取经。北魏神龟元年（518年）十一月冬，北魏胡太后遣崇立寺比丘惠生与敦煌人宋云去西域取经。他们经由关中进入丝路南道，翻越"山路欹侧，长坂千里，悬崖万仞"[②]的帕米尔高原，进入天竺北部，先后到达乌苌国、犍陀罗国等，得佛经 170 部，都是大乘经典。正光三年（522年）返回，历时 4 年多。

以上这些中国的大德高僧从关中、长安出发，一路西行求法，虽九死而不悔，在极其艰难的条件下打开了中印交通道路，先后到达今天的阿富汗、巴基斯坦、印度、尼泊尔、孟加拉国、斯里兰卡等国。他们不畏艰险的精神绝不亚于哥伦布等西方探险家，他们为追求自己认为的真理而不惜远涉穷荒的虔诚态度，时至今日，仍然令人敬佩不已。[③]

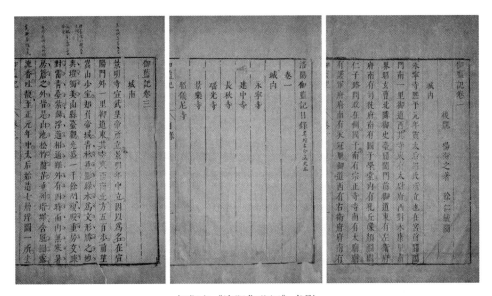

杨衒之《洛阳伽蓝记》书影

---

① [南朝梁]慧皎，[唐]道宣，[宋]赞宁，等. 四朝高僧传[M]. 北京：中国书店，2018.
② [北魏]杨衒之. 洛阳伽蓝记[M]. 北京：中华书局，2010.
③ 王大华，秦晖. 陕西通史：魏晋南北朝卷[M]. 西安：陕西师范大学出版社，1997：242.

四、佛教在中国盛行

关中长安是最早接受并传播佛教的汉族地区,而对关中影响最大的当推梵僧鸠摩罗什。

鸠摩罗什出生于西域龟兹国,家世显赫,其父鸠摩罗炎弃相位而出家从佛,翻越葱岭,来到龟兹国,被龟兹国王奉为国师,娶王妹,遂生鸠摩罗什。他自幼出家,初学小乘佛教,后遍习大乘佛经,尤精般若,成为"道震西域,名被东国"的一代佛学大师。西域诸国皆将其奉若神明,他每次讲经,诸王都长跪座侧,让鸠摩罗什踏着他们的肩背登上讲座。

前秦时,释道安受苻坚之邀在长安主持译经传教。道安与鸠摩罗什有书信来往,函表崇敬,便竭力推荐苻坚迎请鸠摩罗什来长安弘扬佛法。于是苻坚在兴兵讨伐东晋的同一年,又派大将吕光率领七万将士和五千铁骑远征龟兹,并用武力强行请来鸠摩罗什。

草堂寺鸠摩罗什塔

鸠摩罗什雕像

前秦建元二十年（382年），吕光大军威震西域，龟兹国毕恭毕敬地献出鸠摩罗什。吕光得到大师后，东归至凉州（今甘肃武威）时得知苻坚败亡，知道自己不能东归关中了，便占据凉州，后在凉州称帝，在河西走廊建立了后凉政权。于是，鸠摩罗什在凉州滞留长达17年。

前秦败亡后，关中为后秦姚苌所有。姚兴成为后秦皇帝后，依然像前秦苻坚一样崇拜佛教，仰慕鸠摩罗什，同样采取武力手段强请鸠摩罗什到长安来。姚兴以6万重兵轻取后凉。当时后凉吕光已死，其子一看自己不是对手，便交出了鸠摩罗什。就这样，一代宗师鸠摩罗什终于被迎到长安，尊为国师。此时首倡迎请鸠摩罗什的道安已经去世20年了，鸠摩罗什对此慨叹不已。

鸠摩罗什在姚兴的全力支持下，把长安译场扩大到空前规模，在长安西南的逍遥园翻译佛经，弘扬佛法。人们经常可以看到皇帝姚兴手持旧本，鸠摩罗什持梵本对照翻译。其弟子最多时达5000人，规模之大，世所罕见。大唐皇帝李世民曾称赞鸠摩罗什："秦朝朗现圣人星，远表吾师德至灵。十万流沙来振锡，三千弟子共翻经。文含金玉知无朽，舌似兰荪尚有馨。堪叹逍遥园里事，空余明月草青青。"[1]可见当年的盛况。

鸠摩罗什在长安展开大规模的译经活动，前后共译出佛经98部，425卷。他通晓梵、华、中亚诸国语言，所译经卷辞义通晓，信而达雅，长期流传，成为祖本。他所译介的"三论"成为中国佛教三论宗的经典，他本人被奉为三论宗的祖师之一。他译的《妙法莲华经》是天台宗赖以开宗立派的主要经典。他所译的《金刚经》家喻户晓，对禅宗的形成产生了直接影响。[2]因此，鸠摩罗什被后世称为世界著名的思想家、佛学家、翻译家，中国佛教四大译经家之首。

第三节 佛教的中国化

鸠摩罗什是佛教东传史上的杰出人物。他不仅在佛经的翻译、佛教的传播

---

[1]见唐太宗《赞姚秦三藏罗什法师诗》，引自《全唐诗》。
[2]王大华，秦晖. 陕西通史：魏晋南北朝卷[M]. 西安：陕西师范大学出版社，1997.

三教图

方面贡献卓越，而且是佛教中国化的先行者。他在滞留凉州的 10 余年间，学会并精通了汉语，在后来翻译经卷的过程中，依照中国人的生活习俗，竭尽全力地使佛经翻译能被中国人接受、理解，并便于传播。因此，他也成为佛教中国化的开山祖师，对后世产生了极大的影响。

一、佛教与中国神仙及老子的杂糅

佛教最初传入中国时，人们是把它当作社会上流行的神仙道术一样看待的。丝绸之路沿线的城市建有少数寺庙，由于人们对它们不了解或一知半解，因此参拜者多为从西域东来和从印度来的僧侣、商人。汉人出家者很少，参拜者更是寥寥无几，寺庙也显得很冷清。

从东汉初年汉明帝"梦佛"后派人西去取经，到东汉中后期桓帝"好神"，参拜"数祀浮图、老子"可知，那时所参拜之佛并不是单纯的佛教之佛。既然皇帝都带了头，王公贵族争相效仿，老百姓也就跟着学了。到献帝时，信仰佛教已成为一种潮流。然而，佛教在传播初期，始终是与黄老及神仙方术杂糅在一起的。

当初，虽然中国佛教的先驱安世高和支娄迦谶将印度佛教引介到东土，但信奉者依然是少数，大部分中国人还是将佛教与神仙和黄老混为一谈，很少有人将它看成是唯一的精神支柱。

二、佛教的传播与统治者的推崇密不可分

魏晋南北朝时期，佛教信仰在社会上发生了较大的变化。随着"五胡乱华"

浪潮的高涨，少数民族入主中原和关中。从表面上看，当时的中国处于大分裂、大动荡时期，实质上民族融合成为这一时期社会发展的主流，少数民族的汉化和汉民族的胡化在双向进行着。韩国学者朴汉济说，当时的佛教走向了"中华化"[①]。

这一时期，从长安到洛阳，北方少数民族统治者对佛教进行推崇与倡导，他们在接受以儒家文化为主体的汉文化的同时，似乎更加重视外来文化——佛教的传播与弘扬。这一点，与他们本身和汉民族相比是外来民族是一致的。十六国的前秦和后秦，都是用武力请来鸠摩罗什在长安传经布道的，这同样是在寻求精神支柱。

南朝各代的统治者都崇奉佛教，梁武帝尤甚。他自称是"三宝[②]之奴"，四次舍身出家，由朝廷和群臣以巨资为其赎身。所以，唐人杜牧有诗云："南朝四百八十寺，多少楼台烟雨中。"[③]北朝虽有两次灭佛事件，但总体上还是扶持佛教的。北魏文成帝和孝文帝大力开凿云冈石窟和龙门石窟，雕刻佛像，即可说明这一点。

三、佛教与中国传统文化的融合

佛教在魏晋南北朝时期的蓬勃发展，为其在隋唐时期的中国化准备了条件，但前提是佛教与中国传统文化的融合。

首先，北方少数民族成为中原的主人后，直接吸纳汉文化，即以儒家文化为主体的思想文化、伦理道德等；同时，积极接受并传播外来文化——佛教，使佛教在中国，首先在北方迅猛发展起来。仅以关中为例，从前秦到后秦的几十年间，由于鸠摩罗什的译经传道，苻坚、姚兴的倡导，关中出现了第一次信佛

---

① 见中国高校人文社会科学信息网 2010 年 2 月 27 日报道《首尔大学朴汉济教授访问陕西师范大学》。
② 佛教"三宝"：一是佛宝，指修行圆满之人，即佛陀；二是法宝，指众生通向解脱的方法；三是僧宝，即实践佛法之人。
③ ［唐］杜牧《江南春》：千里莺啼绿映红，水村山郭酒旗风。南朝四百八十寺，多少楼台烟雨中。

高潮，关中民众十室九家都信佛，民众中信佛人口在90%以上。[①]北魏末年，洛阳有寺1367所，各州郡有寺3万余所，全国僧尼达200万人。而南朝梁有寺庙2846所，僧尼82700人。[②]这样，寺院经济给南北朝时期的统治者造成了极大的财政威胁，以至于发生了灭佛事件。但由此也可看出佛教在当时发展之盛。

其次，这一时期以老庄为代表的传统文化及佛学渊源深厚的文化底蕴交汇互融，使佛教在中国古代社会最动荡的岁月里生根发芽，并飞速发展。到了隋唐时期，佛教发展达到鼎盛，不但京师长安城内佛寺林立，即使秦岭北麓终南山一带，也成为僧侣建寺立院，栖身念佛修行的场所。所以当时有"一片白云遮不住，满山红叶尽是僧"的诗句。[③]

第四节 佛教的宗派及其祖庭[④]

佛教自西汉末传入中国，在魏晋南北朝时期出现第一次传播高潮。及至唐代，盛极一时，出现了在中国传播的第二次高潮。这次传播高潮有个显著的特点，就是产生了法相宗、三论宗、华严宗、净土宗、密宗、律宗、天台宗、禅宗等具有中国特色的派别。他们纷纷开宗立派，自成体系，号称"九宗"或"十宗"。这些宗派大多创立于唐都长安。当时长安有寺院140多所，僧尼多达数万人。

当时佛教还有另一个特点，就是每一个宗派都有祖庭。这是汉传佛教区别于印度佛教的重要特征，也是佛教传入中国后完成中国化的重要标志。[⑤]长安的不少寺院成为中国佛教各宗派的祖庭和圣地。

---

①王大华，秦晖. 陕西通史：魏晋南北朝卷［M］. 西安：陕西师范大学出版社，1997：244.

②郑大华. 文化与社会的进程：影响人类社会的81次文化活动［M］. 北京：中国青年出版社，1994：238.

③陈正奇. 秦岭四库全书：智库：文明春秋［M］. 西安：西安出版社，2015：207.

④"祖庭"语出《礼记·檀弓上》，原指祭奠于祖庙之中庭，后指佛教开宗立派者布教传法之地。

⑤陈正奇. 秦岭四库全书：智库：文明春秋［M］. 西安：西安出版社，2015：218.

大慈恩寺

一、法相宗与大慈恩寺

法相宗出自大乘佛教的瑜伽宗,由玄奘创立于大慈恩寺。其教义主张"依他起性"(即万法皆依他种种因缘而起)、"遍计所执性"(凡夫普遍妄计所迷执为有)和"圆成实性"(圆满成就的真实体相),以此来解释宇宙万有的性相,故称法相宗。同时强调"万法唯识,心外无境",因此又称"唯识宗"。又因玄奘及其弟子常住大慈恩寺,故又称"慈恩宗"。

玄奘西行求法之前,在国内受学于 10 余位名僧,偏于法相之学。玄奘赴天竺第一佛寺那烂陀寺,受学于 15 位名僧,涉猎广博,无所不精。他对印度佛教的般若说、唯识法相学等均有深入研究,回到长安后在大慈恩寺创立法相宗,成为法相宗祖师。玄奘弟子中知名者众多,影响最大的是窥基(尉迟敬德之侄)和圆测(新罗国王孙)。法相宗的圣地和祖庭是玄奘译经讲经的主要场所大慈恩寺。

大雁塔南广场上的玄奘雕像

大慈恩寺是唐高宗李治做太子时,为纪念母亲文德皇后,于贞观二十二年(648年)修建的,故名大慈恩寺。玄奘及其弟子长居寺内。4年后,玄奘亲自参与设计、建造了慈恩寺塔,即大雁塔。慈恩寺塔初为5层,内藏玄奘从印度取回的佛经。玄奘圆寂后,初葬长安东郊白鹿原畔,后迁葬于长安城南兴教寺,所以兴教寺也是唯识宗的祖庭。[①]

二、三论宗与草堂寺

三论宗源于印度大乘佛教的中观宗,以《中论》《十二门论》《百论》为主要经典,因此得名。同时也强调阐扬"诸法性空"的理论,故又称"法性宗"。三论宗在中国佛教中的始祖是西域高僧鸠摩罗什。

---

①郭琦. 陕西五千年 [M]. 西安:陕西师范大学出版社,1989:331-332.

后秦时,鸠摩罗什在长安城西南圭峰山下的草堂寺讲经、译经,最早译介"三论",死后葬于此地。因此,这里成为三论宗的圣地和祖庭。

草堂寺是中国第一个国立译经场。这里诸峰如画,瀑急潭秀,修竹茂林,融天然景色与人工构造为一体,成为中国佛教三论宗的发源地。这座千年古刹有山门、大殿、厢房、走廊、石碑、碑亭及舍利塔等。

寺中鸠摩罗什舍利塔,高 2.3 米,用大理石雕刻,8 面 12 层。下层为浮雕山状须弥座,座上有 3 层云台,云台上为八角形龛,顶端作宝珠形。屋顶下有线刻佛像,精美别致。塔上有题刻铭文"鸠摩罗什舍利塔"。因此塔是用西域 8 种不同颜色的玉石雕刻镶拼而成,故称"八宝玉石塔"。

寺内西北角还有古井一口,常年烟雾升腾,尤其在秋末初冬,雾霭尤为壮观,成为著名的"关中八景"之一——草堂烟雾。清代朱集义有诗云:"烟雾空濛叠嶂生,草堂龙象未分明。钟声缥缈云端出,跨鹤人来玉女迎。"[①]

草堂寺

[①] 诗文见于西安碑林博物馆碑刻《关中八景》。

草堂寺烟雾井

从隋代到唐初，三论宗大盛。长安名僧法澄、道庄、智矩和吉藏，是三论宗元匠，被视为三论宗的实际开创者。

吉藏本是安息人，隋朝时来到长安，初居日严寺，声震关中。唐初李渊在长安置"十大德"，吉藏便是其中之一。齐王李元吉特奉他居住在延兴寺。吉藏在长安亲讲"三论"达百遍，有弟子800余人。其大弟子慧远在长安也名倾一时。

高句丽僧人慧灌，师从吉藏后，得其真传，赴日传播"三论"，被奉为日本三论宗始祖。日本僧人大日莲依《妙法莲华经》为据，创立日莲宗。因《妙法莲华经》为鸠摩罗什在草堂寺所译，所以日莲宗也以草堂寺为祖庭。

由于华严宗第五代祖师定慧禅师曾在草堂寺著书讲学多年，所以草堂寺也被视为华严宗祖庭。唐宣宗大中九年（855年），草堂寺刻立"定慧禅师传法碑"，由大书法家裴休撰文并书，柳公权篆额。

唐武宗"会昌法难"后，三论宗的章疏被毁殆尽，几乎绝传。①

三、华严宗与华严寺

华严宗因《华严经》而得名，其主要教义是"尘是心缘，心为尘因。因缘和合，幻相方生"，强调"理为性""事为相"。唐初雍州万年（今属陕西西安）人杜顺为华严宗初祖。杜顺，尊号法顺，是长安有名的神僧。他从禅学转向华严之学，在长安影响甚大。

华严寺位于唐都长安城南郊少陵原畔，始建于唐贞元十九年（803年），是著名的"樊川八大寺"②之一。寺院居高临下，俯瞰樊川，西望神禾原，南观终南山玉案、雾岩诸峰，周围自然景色极佳，衬托得华严寺仿佛人间天堂。华严寺数百年，无高大的殿堂建筑，只是凿原为窟，以安置佛像及僧众居住，是一座典型的窟洞寺院。

华严宗的另外两个祖师是智正和智俨，他们都在终南山至相寺学《华严经》数十年，因此被尊为二世祖师。智俨的弟子法藏，是华严宗第三代祖师。女皇武则天在位时，曾赐法藏为"贤首国师"，因此华严宗又称"贤首宗"。在武则

---

① 郭琦. 陕西五千年［M］. 西安：陕西师范大学出版社，1989：335-336.
② "樊川八大寺"指兴教寺、兴国寺、华严寺、牛头寺、观音寺、洪福寺、禅经寺、法幢寺. 西安市政协文史资料委员会. 西安佛寺道观［M］. 西安：陕西人民出版社，2009.

华严寺

天的倡导下，华严宗达到极盛。当时长安城玄武门外建华严道场，数千华严僧尼聚此斋会。法藏著有《华严经探玄记》等数十部经书，传世23部。

当时与法藏同拜智俨为师的有新罗人朴义湘，他慕名来长安终南山下学华严之学，学成归国后，成为新罗华严宗的创始人。此后，又有新罗僧人审祥到长安师从法藏，后到日本传教。中唐时，中国渡日僧人道璿携《华严经》到日本，使华严宗大行于日本。

四、净土宗与香积寺

净土宗因专修往生阿弥陀佛净土法门而得名。净土，在佛家说，是一种界名或宗派名。[①]净土宗崇信西方净土为极乐世界，提倡口念佛号即可往生净土。

---

① 孙浮生. 净土源流善导大师香积寺考［A］. 陕西省博物馆，陕西省文物管理委员会，1980.

又因其始祖慧远曾在庐山建立莲社念佛,故又称"莲宗"。历史上有两位大师对净土宗根本理念的建构有不可磨灭的功绩:一为南北朝昙鸾,著有《礼净土十二偈》;一为唐初道绰,著有《安乐集》。

净土宗二世祖善导师从道绰,在长安传教30年,奠定了净土宗形成的基础。净土宗称,念一遍"阿弥陀佛"就能除却80亿劫生死之罪;若日念7万遍佛号,就可消灾解难,永无病痛。可见这一宗派教义俗浅,法简易行,所以在民间流传极广。善导大师曾写《佛说阿弥陀经》数万卷,信奉者无数。

武则天时,有高僧慧日航海赴天竺18年,专修净土之学,于开元年间回到长安,成为净土宗的又一位大师。有唐一代,净土宗深入民间,也渗入官场上层,与禅宗并列,影响最广。善导大师圆寂后,其弟子怀恽念其功德,修建了

香积寺

香积寺善导塔

香积寺和善导塔。塔高 13 层，现存 11 层，高 33 米。塔旁有一小塔，传为善导墓。此后，香积寺不仅成为净土宗的祖庭，而且是净土宗的中心道场。

日本留学僧圆仁曾学净土宗，后归国传播。其后有日僧法然按善导大师的经书创立了日本净土宗。日本净土宗后来发展成为日本佛教第一大宗派，信徒超过 2000 万。1980 年，在善导大师圆寂 1300 周年纪念日时，日本净土宗高僧 150 人来到西安，在香积寺举办了隆重的法会。近年来，每年都有数批日本净土宗访华团到香积寺朝圣。

五、密宗与大兴善寺、青龙寺

密宗源于印度大乘佛教的密教，又分为汉密和藏密。东传日本后，称东密。

现汉密已失传，仅存藏密和东密。①

密宗的特点是重诵咒修行，以求利益，认为小可消灾，大可成佛。修行途径有三种：一曰身密，即以结手印表示种种意义；二曰语密，即念咒，口诵真言，故密宗又称"真言宗"；三曰意密，即以心观实相。因其重佛教仪式，规则严密，不能混乱，故称密宗。②

唐朝初年，印度僧人善无畏和金刚智来华翻译《大日经》和《金刚顶经》等，形成了我国最初的密宗。开元年间，汉人名僧一行（俗名张遂）受学密宗。他精通天文历算，与密宗有大因缘。因达摩笈多和一行和尚都曾居住于大兴善寺，故此地被视为密宗发祥地。

大兴善寺大雄宝殿

---

① 刘鹏. 细说中国佛教［M］. 彩图版. 北京：光明日报出版社，2005：74.
② 郭琦. 陕西五千年［M］. 西安：陕西师范大学出版社，1989：335.

青龙寺遗址博物馆

大兴善寺坐落在唐长安城靖善坊,即今西安市南门外 5 千米处。始建于西晋武帝泰始二年(266 年),初名遵善寺。隋文帝开皇二年(582 年)修大兴城,因寺址在长安城靖善坊内,故取前者之"大兴"、后者之"善"字,称为大兴善寺。当时该寺规模之大,为海内之冠。

密宗的兴盛,与不空和尚密不可分。不空原为师子国人,为金刚智的弟子,随其师来到中国,后自成一派,号为不空派。他与善无畏、金刚智并称"开元三大士",是密宗的实际创始人。历玄宗、肃宗、代宗三朝,被尊为国师,地位显赫。其再传弟子中,有名僧惠果居青龙寺(原名灵感寺),该地亦成不空派圣地,是密宗的又一祖庭。从此,密宗在唐后期走向极盛。

日本留学僧中著名的"入唐八家"[①],其中有 6 家都是在青龙寺受法的。圆

---

① "入唐八家"分别是最澄、空海、常晓、圆行、圆仁、惠运、圆珍、宗睿。最澄、圆仁和圆珍三人为台密,余为东密。

仁、圆珍在此学密宗，归国后成一代宗师。于是，密宗在日本大行其道。

青龙寺于北宋时期毁于兵燹。1973年，青龙寺塔址和殿堂遗址被发掘，1982年重建，有空海纪念碑和空海惠果纪念堂，成为日本僧人参拜的佛教圣地。

六、律宗与净业寺

律宗是糅合印度大乘佛教和小乘佛教教义于一体的中国佛教宗派，因重戒律而得名，是研习佛教戒律的宗派。最早的律学大师是北朝的慧光，他师从道覆，草创了《四分律疏》。其弟子道云和再传弟子洪遵，后来在关中传《四分律》。隋末唐初，其后传弟子智首在长安传《四分律》达30年之久。到智首弟子道宣时，戒律大盛，律宗终于成为长安佛教的新宗派。道宣声名大振，受业弟子多达千人，虽经五代衣钵传授，终成律宗的实际创始人。

道宣从小随戒律大师智首习律，曾居长安日严寺，后居终南山白泉寺，苦研戒律，撰写的《四分律含注戒本疏》等三部经书，被称为"南山三大部"，因

净业寺

此律宗又称"南山宗"或"南山律宗"。他还在终南山创立戒坛，制定佛教仪制。所以道宣弘传律学的道场净业寺，也就成为中国律宗的祖庭。

净业寺坐落在西安市长安区终南山北麓，沣峪口内柳林坪后庵山，林谷幽静，风景殊佳，远离尘扰，是终南古刹，始建于隋末。该寺占地面积约10亩，因地处幽僻，战乱破坏较少，尚存正殿5间，形制古朴，两廊及檐额上皆有彩绘。寺内文物有明代制《唐道宣律师遗迹碑》一方，详细记述了道宣法师的生平及弘律事迹。

据《宋高僧传》称，道宣俗姓钱，出身于望族，幼年出家，师从智首律师。后居终南山净业寺和丰德寺著疏立论，身体力行，开设戒坛，传授戒法。唐高宗乾封二年（667年），随尘而化，享年72岁。弟子为其建舍利塔于寺后峰顶，永做纪念。他在中国佛教史上地位极高，著述甚丰，其中《广弘明集》《续高僧传》《大唐内典录》等几部著作，对中国佛教史和思想文化史有重要的参考价值。

值得一提的是，这一时期还出现了律宗高僧怀素。他是玄奘的弟子，曾跟从玄奘学习经论，后专攻戒律，开创了新的律学——东塔学，他也因此被尊为东塔律宗的始祖。此后，扬州律宗大师鉴真曾到长安学习，后率弟子24人六次东渡，出生入死，双目失明，最终到达日本，传戒授法，建唐招提寺，成为日本律宗初祖，被尊称"东征和尚"。

七、三阶宗与百塔寺

三阶宗又称"三阶教""第三阶宗""三阶佛法"，由隋代僧人信行创立于相州（今河南安阳）法藏寺。该派把全部佛教按时、处、人分为三大类，每类又分为正法、像法和末法三个阶段。此派的宗旨是普佛普法，信仰世界众生"无不为佛"的普佛思想，提倡苦行忍辱、"无尽藏行"，倡导布施。

隋文帝曾招信行至京师，在大兴城真寂寺建立别院。开皇十四年（594年），信行圆寂于真寂寺。弟子净名、慧了等300余人收其尸骨，建舍利塔于梗梓谷（今终南山天子峪），称信行禅师塔院。其后僧人慕其德行，"以身布施"，效仿林葬之法，圆寂后皆葬于信行墓塔之后或西侧。天长日久，便形成了以信行墓塔为中心的数百座塔。唐大历六年（771年），更名为百塔寺，成为隋唐三阶宗的祖庭。

唐武宗灭佛后，三阶宗受到毁灭性打击，百塔寺也走向衰败。寺内有一银杏树，传为隋代所栽，距今已1400余年，是见证三阶宗兴衰的活化石。寺内还

百塔寺山门与千年银杏树

保留有《化度寺故僧邕禅师舍利塔铭》《道安禅师塔铭》《大唐太常协律郎裴公故妻贺兰氏墓志铭》等遗物,具有相当高的史料价值。

在上述佛教诸宗及名寺中,对后世影响最大的莫过于一代名僧玄奘创立的法相宗和大慈恩寺了。

第二章 报慈母恩

闻名全国的西安大慈恩寺始建于唐太宗贞观二十二年（648年），距今已经有1370多年的历史。大慈恩寺原本是唐高宗李治做太子时为纪念自己的母亲文德皇后长孙氏而修建的皇家愿寺。它的第一位上座就是名垂千古的一代高僧玄奘法师。玄奘法师在大慈恩寺驻锡多年，这里也是他驻锡时间最长、翻译佛经最多的寺院。正是因为有了玄奘法师，大慈恩寺才成就了唐长安三大译场之一和法相宗祖庭的赫赫声名。

第一节 大慈恩寺的由来

要讲大慈恩寺，就不得不从被后人称为"千古贤后"的唐太宗文德皇后长孙氏说起。

一、千古贤后长孙氏

唐太宗文德皇后长孙氏（601—636），其名不详，小字观音婢，鲜卑族，隋朝名将齐国公长孙晟幼女，"凌烟阁二十四功臣"之首赵国公长孙无忌的同胞妹妹。

长孙氏出自北魏皇室拓跋氏，其祖先沙莫雄是北魏道武帝拓跋珪曾祖父的长子，曾为鲜卑族拓跋部的"南部大人"。拓跋珪建立北魏后，赐沙莫雄之子拓跋嵩以长孙为姓。

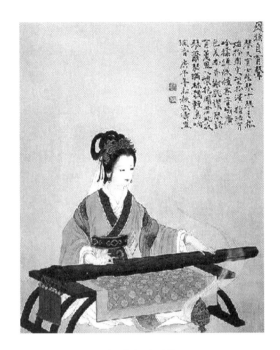

长孙皇后画像

长孙氏之父长孙晟(551—609),字季晟,小名鹅王,河南洛阳人,隋朝著名军事家、外交家。长孙晟是北周开府仪同三司长孙兕第三子,曾祖为北魏上党文宣王长孙稚,祖父为北魏卫尉少卿、平原郡公长孙裕。长孙晟生性聪慧,文武双全。隋朝建立后,他因才能出众,深受隋文帝和隋炀帝两代皇帝重用。他既擅长骑射,曾经一箭双雕,震慑突厥人20余年;又通晓经史,谋略出众,采用分化瓦解的办法削弱了突厥,保证了隋朝北部边境的安宁。

长孙氏与哥哥长孙无忌为长孙晟续娶的妻子高氏所生,其舅父就是后来位列"凌烟阁二十四功臣"的申国公高士廉。

长孙晟十分疼爱女儿,希望她能够健康长大,为她取小名为观音婢,意思是"观音菩萨的侍女"。长孙晟与唐国公李渊是世交,在其兄长长孙炽的撮合下,二人为长孙氏和唐国公嫡次子李世民定下姻缘。但不幸的是长孙氏8岁丧父,与母亲及哥哥长孙无忌被同父异母的嫡长兄长孙安业赶出了家门,寄居在舅舅高士廉家。幸运的是,高士廉待长孙氏兄妹极好,就像自己的儿女一样。在舅舅的呵护之下,长孙氏受到了良好的贵族教育,出落成亭亭玉立的名门贵女。

隋炀帝大业九年（613年），在李渊和高士廉的主持下，豆蔻年华的长孙氏和16岁的英俊少年李世民正式结成了夫妻。李世民和长孙无忌是少年时的玩伴，关系密切，他和长孙氏也算是青梅竹马。婚后，聪明睿智的长孙氏和英明神武的李世民开始了相知相伴的一生。

长孙氏贤良聪慧，待人宽厚，是李世民的贤内助。传说长孙氏归宁（回娘家）的时候，不知从何处跑来一匹骏马，待在房外不肯离去。此马身高二丈，鞍勒都在。高士廉的妾室张氏见到后非常害怕，于是告诉了高士廉。高士廉请人占卜，卜得卦象为"地天泰"。卜者说："乾爻象征着龙，坤爻的卦象是马，坤上乾下，女子处于尊位，这个女子将来贵不可言。""地天泰"卦是周易六十四卦中最吉利的一个卦象，表示万物平和，生机盎然，只要保持谦和的态度，虚心对人，踏实对事，就能事业、爱情双丰收。高士廉急忙厚赠了卜者，并吩咐左右："不可对人言。"此后舅舅家的人对长孙氏更加敬重。

长孙氏的一生也是对"地天泰"卦最好的注解。她在家庭里对公婆恭敬有礼，非常得公公李渊和婆婆窦氏的喜爱；对待亲戚朋友非常谦和，为李世民赢得了很多的支持；对待李世民的子女和其他妃嫔慈爱包容，使李世民无后顾之忧。她无论是在家庭中还是在政治上，都给予了丈夫极大的助力。

长孙氏有着非同一般的政治智慧。在李世民争夺帝位的过程中，长孙氏发挥了不可低估的作用。在李世民外出作战期间，太子建成和齐王元吉不断向李渊进献谗言，密谋陷害李世民。长孙氏一方面厚待秦府十八学士和天策府诸将的家眷，使得李世民的根基非常稳固；另一方面利用秦王妃的身份经常入宫，结交后宫妃嫔，孝顺李渊，尽可能地弥补丈夫与皇帝之间的嫌隙。此外，长孙氏还利用父亲长孙晟和舅舅高士廉的人脉，为李世民争取到朝堂上的支持。正是长孙氏的周旋，为李世民的绝地反击赢得了宝贵的时间。

玄武门之变中，长孙氏从容自若地出现在秦府将士面前，把酒壮行，极大地鼓舞了秦府军将的士气。

贞观初年，已经成为皇后的长孙氏经常借古喻今，匡正唐太宗李世民为政中的失误，保护忠正得力的大臣。最有名的就是保护魏徵的故事。

魏徵原本为太子建成的太子洗马，曾数次劝谏太子除掉秦王李世民。唐太宗登基后，不但没有杀掉他，反而重用他，让他在门下省为官。魏徵敢言直谏，经常当廷指责太宗。有一次太宗被激怒，回到后宫后愤恨地说："我一定要杀掉那个乡巴佬。"长孙皇后赶紧换上朝服跪在太宗面前，说："臣妾听闻君明臣贤，只有英明的天子在位,才会出现敢言直谏的大臣啊!"太宗闻言,心中的气也就消了。正是通过这种方式,长孙皇后保护了一批有才能的耿介大臣。

长孙皇后还劝谏丈夫要多行仁政,爱惜百姓,不要过分优待贵族。长孙家族出身关陇贵族集团,长孙皇后的哥哥长孙无忌的政见经常代表的是贵族利益。贞观年间,唐太宗对长孙家族的恩遇常常逾制。长孙皇后于是劝说哥哥急流勇退,让出宰相之位。

贞观之初,君明后贤臣直,朝堂和睦,文治武功皆有建树,为贞观时期政治的清明奠定了基础。

唐太宗贞观十年(636年),长孙皇后薨逝于立政殿,结束了她短暂而又辉煌的一生,时年36岁,谥号"文德皇后"。长孙皇后去世后,群臣悲痛不已。长孙皇后生前极力劝谏太宗实行薄葬,不要学习汉朝封土为山,

唐太宗画像

耗费财力民力。太宗于是决定在九嵕山因山起陵,营建昭陵。长孙皇后去世后,就葬在了昭陵。

长孙皇后有很好的文史修养。她非常钦佩东汉明帝的皇后马氏①,并立志以马皇后为榜样,协助丈夫开创盛世。长孙皇后曾作《史论东汉明德马后》,显示出较高的史学修养。她还撰写了一部类似于《列女传》的史书——《女则》,书中采集古代女子的得失事迹并加以评论。《旧唐书》说:"后尝撰古妇人善事,勒成十卷,名曰《女则》,自为之序。"她还擅长诗词,但流传下来的不多,著名的有《春游曲》:"上苑桃花朝日明,兰闺艳妾动春情。井上新桃偷面色,檐边嫩柳学身轻。花中来去看舞蝶,树上长短听啼莺。林下何须远借问,出众风流旧有名。"

---

①东汉明德皇后马氏,伏波将军马援之幼女,温柔贤淑,才智过人,辅佐明帝,抚育年幼的太子刘炟,为东汉早期出现"明章之治"做出了杰出的贡献。

二、铭记慈母恩

唐高宗画像

唐高宗李治(628—683)是太宗与长孙皇后的幼子。唐太宗贞观二年(628年)六月,李治出生于东宫丽正殿。李治是唐太宗登基后的第一个儿子,因此特别得父母的宠爱。李治降生后,唐太宗在宫内宴请五品以上的大臣,以示庆贺,并下令加赏与李治同一天出生的婴儿。在李治出生三天后"洗三朝"的时候,长孙皇后将当年丈夫起兵时从隋晋阳宫中得来的玉龙子和缀满珍珠的襁褓一并赐给了李治。玉龙子是一枚龙形玉器,"广不数寸,而温润精巧,非人间所有"。李治后来登基成为皇帝,而玉龙子也成为唐朝皇帝的幸运符,代代相传。

唐太宗贞观五年(631年),李治被册封为晋王,并授并州都督。这个封赏非同凡响。熟知历史的人都知道,唐代的并州就是现在的太原,它北拒突厥,俯瞰秦豫,乃形胜之地,是中原王朝的北方重镇。晋阳又是李唐王朝的龙兴之地,贵为北都。唐太宗和长孙皇后对这个幼子的宠爱可见一斑了。

李治从小就很聪慧,有过目不忘之能;他性情宽厚,待人温和,重视孝道,深得父母喜欢。特别是他对父母十分孝顺,7岁的时候就熟读《孝经》。唐太宗有一次借机考查他对《孝经》的理解,问他:"《孝经》中哪部分最为重要?"李治回答:"《孝经》中'开宗明义章'和'事君章'最重要。"太宗问:"为什么呀?"李治回答:"所谓孝,就是从侍奉父母开始,然后报效于国君,最后建功立业。君子侍奉君王的时候,既要想着如何尽忠,也要想着如何补救君王的过失,顺应发扬君王的优点,匡正补救君王的缺点。"李治的回答颇有见解,唐太宗闻言非常高兴。当时长孙皇后患有气疾,乖巧的李治就坐在后面轻轻地为母亲捶背。

但贞观十年(636年)六月长孙皇后去世,年仅8岁的李治自此失去了疼爱他的慈母,曾经的温暖时光也随之结束。李治经常独自待在空旷的宫殿里怀念母亲,悄悄地流泪。唐太宗发现后,更加怜惜这个失恃(失去母亲)的儿子,就把他带在身边,亲自抚养。

长孙皇后信仰佛教，唐太宗父子为了纪念她，经常命人供养僧人，抄写佛经。贞观十年，为了给长孙皇后祈福，太宗下令度僧出家。贞观十五年（641年），太宗为了给长孙皇后追荐冥福积功德，又请著名高僧南山律师道宣为长孙皇后书写、造供《大般涅槃经》①。同年，魏王李泰于洛阳龙门山开凿佛窟，为母亲祈福，并留下了由中书侍郎岑文本撰文、谏议大夫褚遂良书写的著名的摩崖石刻——《伊阙佛龛碑》。

唐太宗贞观十七年（643年），没有了母亲长孙皇后的居中调和，太子李承乾与嫡次子魏王李泰之间的储位之争变得白热化。太子李承乾因谋反被废，李泰也因谋夺储位被废。15岁的晋王李治被册立为皇太子。

贞观二十二年（648年），唐太宗召见玄奘，太子李治随侍。太宗问玄奘法师："请问法师，做什么事情最能够立功德？"法师回答："佛法是依靠人来弘扬的，只有度僧功德最大。"太宗又问："朕想要斋僧，但是现在很多僧人的德行有亏，那怎么办呢？"法师回答："昆仑山出产美玉，但是美玉混杂着泥沙；丽水出产黄金，难道没有瓦砾？罗汉虽然是土木雕成的，但敬奉它就能获得福报；佛像虽然是铜铁铸造成的，但是毁坏它就会产生罪孽。泥土做成的龙虽不能降雨，但是我们祈雨时却要向泥龙祷告；普通僧众虽然不能降下福泽，但是修福报必须恭敬僧侣。"太宗说："朕从今以后见到小沙弥，也要像尊敬佛祖一样尊重他。"于是，太宗下诏兴建庙宇，度化僧人，京城及全国各州每寺度僧5人。当时全国有寺3716所，共度僧尼达18500余人。其中，在玄奘所在的弘福寺就度化僧人50名。

李治知道父亲对母亲的思念，他自己也非常想念母亲，经常回忆起母亲生前的种种慈爱，想要为母亲积累功德，于是经常在宫里为母亲诵经、祈祷。听了玄奘法师的话，他深受启发，于是奏请太宗敕建佛寺以纪念母亲文德皇后，为母亲积累功德福报。

贞观二十二年（648年），李治对辅政大臣高季辅说："我尚年幼之时母亲便已离世，这种悲痛我至今都难以忘怀，心中对母亲的思念无时无刻不深入骨髓。特别是每逢母亲忌日，倍感伤怀。只要一想到无以回报母亲的养育之恩，我便

---

① 律宗祖师南山道宣为长孙皇后所写的《大般涅槃经》现今仍保存完好。全经为纸本，高25厘米，长达839厘米，首尾完整，现藏于日本。

茶饭不思。我所能想到的唯一的回报方式，便是修建寺庙，供养佛祖，为母亲求得冥福。所以我决定修建一所愿寺，为母亲祈福，保佑母亲早登极乐。"所谓愿寺，即供养佛陀或菩萨，以求佑护逝者超脱苦难的寺院。

第二节　大慈恩寺的建造

一、选址晋昌坊

太子李治发愿修建一座寺院为母亲文德皇后长孙氏积累功德之后，寺院的选址工作就紧锣密鼓地开始了。

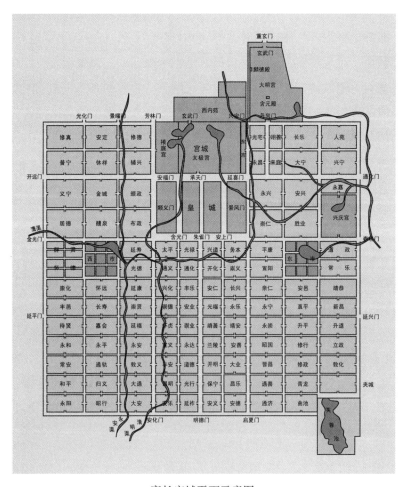

唐长安城平面示意图

高季辅建议太子说："文德皇后生前崇尚节俭，不喜欢铺张浪费，我们就选一座前朝废寺，在它的基础上修建纪念文德皇后的寺院吧。"

根据高季辅的建议，寺院的选址有四条标准：其一，要尊重长孙皇后仁慈节俭的美德；其二，离宫城不能太远，要方便皇家举行纪念活动，最好在长安城附近；其三，寺院规格要高，要能够体现皇家风范；其四，最好选一座前朝废弃的寺院进行改造。

李治同意了高季辅的建议，并委派他在长安附近勘察，寻找符合条件的寺址。

高季辅得令后，经过仔细的寻访、搜索、探察，最终在长安城的东南部晋昌坊（亦称进昌坊）内、曲江池附近找到了一处符合条件的寺址。这座废弃的寺院修建于北魏时期，初名净觉寺，或者叫净觉伽蓝，后毁于战火。隋文帝开皇九年（589年）曾经重建，并更名为无漏寺。但是隋末又在战火中毁弃了。"净觉伽蓝"中"伽蓝"一词出自梵语，意思为"园"，指的是佛教僧人居住的园林，即寺院。

净觉伽蓝的旧址恰好位于大明宫含元殿的正南方，站在含元殿外就可以清楚地看到寺院的建筑，方便李治站在宫中眺望这座寺院，追思母亲。李治对高季辅的方案非常满意：首先，太子曾经被册封为晋王，"晋昌坊"的寓意非常吉祥；其次，寺院离长安城皇城非常近，方便皇家举行祈福活动；最后，晋昌坊附近风景秀丽，环境非常优美。

该寺的另一个名字无漏寺也非常有意思。"无漏"者，即"无漏智"[①]，指的是能斩断三界[②]的烦恼从而证得真谛的智慧。在无漏寺的基础上修建大慈恩寺，并由玄奘法师在此宣扬法相唯识宗法门，岂不是冥冥之中早已注定？

根据《唐两京城坊考》记载，大慈恩寺占据了南晋昌坊东部半坊之地。其北靠昭国坊，南临通善坊，东邻修政坊，西为大业坊。经过今考古工作人员勘测，晋昌坊东西长1022米，南北长520米，大慈恩寺的面积约为398亩。

唐代的大慈恩寺是长安城南的形胜之地。寺院背靠长安城，南眺终南山，东

---

① "无漏智"指具有断除三界烦恼、证得佛教"真理"的智慧。其在广义上也指"佛智"——佛所特有的智慧，即"无上正等正觉"，能觉知佛教一切"真理"，并能"如实"了知一切事物，从而达到一种无所不知的智慧。

② 三界，指欲界、色界、无色界，即处在"三世轮回"的世俗世界。

为曲江池，西临樊川。寺院南有黄渠，水竹茂密深幽。渠水汇聚成水塘，名叫南池，四五亩见方，景色宜人。

水塘之南的通善坊还有长安城最大的杏园。每到春天，杏园中杏花烂漫，长安城的士庶皆扶老携幼前来观赏。这里也是文人士大夫宴饮的首选之所。唐代诗人赵嘏有《春尽独游慈恩寺南池》诗云："竹外池塘烟雨收，送春无伴亦迟留。秦城马上半年客，潘鬓水边今日愁。气变晚云红映阙，风含高树碧遮楼。杏园花落游人尽，独为圭峰一举头。"

大慈恩寺东南方向不远处就是曲江池。唐时的曲江池是长安城南最引人入胜的地方，在历史上更是留下了许多佳话。"曲江流饮"在明清时期仍为"长安八景"之一。

清康熙十七年（1678年）重修大慈恩寺的时候，重修者就对大慈恩寺选址的精妙称赞不已。清康熙年间所刻的《重修大雁塔寺前轩记》中记载："于其前也，则有终南、太乙、玉案，雾檐穹谷，修林隐天，崔巍洵岑，……于其左也，则有源泉陂池，绣塍错壤，决渠雨降，挥锸云兴，桑麻禾稼披其野，果园芳林缘其隈。……其下，则曲江萦绕，黄渠、龙首回堤合注，芙蓉、杏园于焉仿佛。其右，则万雉高呀，千廛云集，起间阎之苕尧，顺阴阳之启闭，七郡游侠披三条之广路，五都货殖充十二之通门。红尘四合，衡宇相连……"[①]

二、太子督建

太子李治对大慈恩寺的修建非常关心，不但下令由辅政大臣和玄奘法师共同负责督造，而且经常亲临施工现场参与指挥建设。

经过一番"瞻星揆地"的测绘工作，最后确定了"像天阙，仿祇园"的营建方案。整个工程动员了两京大量的能工巧匠，从山西、河南，甚至是遥远的岭南调用了很多珍贵的石料和木材。其规格之高、用料之考究难得一见。

寺院的核心慈恩寺塔由玄奘法师亲自督造，最初为印度浮屠样式。武则天时期由于自然灾害，该塔遭到损坏。后被改建，逐渐成为今天的模样。

当时，很多木料都不是长安本地所产，而是从遥远的岭南等地区通过运河、黄河、永通渠运到长安的，很费人力、物力。但是在唐太宗的支持下，在太子

---

① 陈景富. 大慈恩寺志［M］. 西安：三秦出版社，2000：536.

大慈恩寺殿堂

李治的直接干预下,所需的木料很快就备齐了。

主体建筑塔院在寺院的西部,其他院落大约位于今天的唐大慈恩寺遗址公园及其周边地方。当时所修建的院落共有十几个,房屋1897间。仅仅是参与建设的工匠和劳役就达到了两万余人。现在的大慈恩寺只是唐代大慈恩寺西塔院的一部分,其余部分早已在历代的战火之中荡然无存。

由于隋唐时期佛教盛行,参与修建寺院的工匠和劳役的建设积极性都很高。如此宏伟富丽的寺院从贞观二十二年(648年)三月开建,到同年十月就宣告建成,其建设速度不可谓不快。

寺院基本建成后,李治上书说:"渐向毕功,轮奂将成,但僧徒尚阙。"太宗皇帝于是敕令"度三百僧,别请五十大德同奉神居,降临行道"。为彰显自己报答慈母恩德、为慈母祈求冥福的意愿,李治亲自为寺院赐名,曰"大慈恩寺",并增建翻经院。很快翻经院便宣告落成。李治又奏请太宗皇帝,迎请玄奘法师担任大慈恩寺的上座,继续进行佛经翻译工作,"纲维寺任"。因为是皇家愿寺,加之由威望崇高的玄奘法师主持,所以大慈恩寺甫一建成便名声大噪。

这一切都离不开太子李治亲自督建的功劳。现在我们仍旧可以通过大慈恩寺东边大慈恩寺遗址公园中唐高宗李治指挥大慈恩寺建设的浮雕来体会当时热火朝天的建设场面。

三、寺如天阙

大慈恩寺作为唐代的皇家寺院，其选址之考究、形制之高妙、规模之宏大、建筑之宏丽，都堪称长安之最。寺内殿宇巍巍，重楼叠阁，一派庄严佛国的气象。

大慈恩寺是一座典型的皇家园林式建筑，规模十分宏大，院落鳞次栉比，重楼复殿，十分豪华。就连玄奘法师也惊叹："如此宏伟壮丽的寺院，美轮美奂，古今的寺院大概没有能够与之相比的。"据晚唐段成式所撰《寺塔记》记载："（大慈恩寺）凡十余院，总一千八百九十七间，敕度三百僧。"其中知名的院落有西院、塔院、翻经院、浴堂院、太真院、元果院、竹院等。

据《大慈恩寺三藏法师传》记载，大慈恩寺的建筑格局"仿祇园"，建筑形制"像天阙"，寺内"重楼复殿，云阁洞房"。所谓祇园，是"祇树给孤独园"（或"胜林给孤独园"）的简称，又称"祇洹精舍"，与王舍城竹林精舍并称佛教两大精舍，是古印度著名的佛教圣地之一。祇园位于古印度憍萨罗国王都舍卫城南门外五里处（大约在今印度塞特马赫特），也是印度著名的园林景观。相传释迦牟尼得道成佛后，憍萨罗国的给孤独长者用大量黄金购置了舍卫城城南祇陀太子的园地，建筑精舍，请释迦说法。祇陀太子闻说后，贡献了园中的树木。由于该园由给孤独长者须达与祇陀太子共建，因而以两人的名字来命名，称祇树给孤独园。释迦牟尼在此居住说法 25 年。

东晋法显大师《佛国记》记载："出城南门千二百步，道西，长者须达起精舍。精舍东向开门户，两厢有二石柱，左柱上作轮形，右柱上作牛形。池流清净，林木尚茂，众华异色，蔚然可观，即所谓祇洹精舍也。……祇洹精舍本有七层，诸国王、人民竞兴供养，悬缯幡盖，散华，烧香，然灯续明，日日不绝。"从中我们依稀可以看出，在佛陀涅槃 900 多年后，当时的祇洹精舍依然比较繁盛。

200 多年后，公元 7 世纪，唐代的玄奘法师再次游历此地。此时的舍卫城已荒颓，寺院已损坏，曾经繁盛的祇洹精舍已经衰落。《大唐西域记》记载："城南五六里有逝多林，是给孤独园，胜军王大臣善施为佛建精舍。昔为伽蓝，今已荒废。东门左右各建石柱,高七十余尺,左柱镂轮相于其端,右柱刻牛形于其上,并无忧王之所建也。室宇倾圮,唯余故基,独一砖室岿然独存,中有佛像。"①

祇园既有布金圣地的堂皇,也有佛陀25年说法的殊胜,所以它是每一位佛教徒心中向往的地方,因此大慈恩寺仿祇园而建有着特殊的法义。

所谓天阙,既可以指上天天帝的宫殿,也可以指人间皇帝(天子)的宫阙,这里是指大慈恩寺的建筑是宫殿式的,意在说明大慈恩寺的等级之高、建筑之华美。在高宗御制的大慈恩寺碑文中,形容大慈恩寺为"日宫""月殿""香积天宫""阆风仙阙"。由此可以想见,唐高宗对于该寺的修建是相当满意的。

慈恩寺西院是大慈恩寺大殿的所在地,也是大慈恩寺举行大型法会的地方。从西院后端门可以进入慈恩寺塔院。塔院中最为著名的建筑便是玄奘藏经之所——慈恩寺塔(大雁塔)。塔院以东是翻经院。另外还有浴堂院、太真院、元果院等院落,这些院落皆以种植牡丹出名,因此也为大慈恩寺赢得了"慈恩牡丹甲长安"的美誉。其余各院落均以在此居住的高僧命名,名字也不固定。

据《大慈恩寺三藏法师传》记载,修建大慈恩寺时,"穷班、倕巧艺,尽衡、霍良木,文石梓桂橡樟栟桐充其林,珠玉丹青赭垩金翠备其饰。而重楼复殿,云阁洞房,凡十余院,总一千八百九十七间,床褥器物,备皆盈满"②。韦应物诗中有"重门相洞达,高宇亦遐朗"③,可知当时大慈恩寺建筑独特,规模庞大。由于相关史料记载缺乏,这里仅对其建置做简要论述。

1. 翻经院

翻经院是玄奘法师译经的地方,据《大慈恩寺三藏法师传》记载,"虹梁藻井,丹青云气,琼础铜沓,金环花铺,并加殊丽"④。据说寺院建成后,太子李治又宣令度僧三百,并请玄奘任大慈恩寺上座,又请50名高僧为玄奘的助理。玄奘入寺时还举行了隆重的仪式,玄奘与50名高僧从弘福寺乘宝车,京城的僧

---

① 季羡林,等. 大唐西域记校注 [M]. 北京:中华书局,1985.
② [唐]慧立,[唐]彦悰. 大慈恩寺三藏法师传 [M]. 孙毓棠,谢方,点校. 北京:中华书局,2000:149.
③ [清]彭定求,等. 全唐诗 [M]. 增订本. 北京:中华书局,1999:1904.
④ [唐]慧立,[唐]彦悰. 大慈恩寺三藏法师传 [M]. 孙毓棠,谢方,点校. 北京:中华书局,2000.

众列队随后,文武百官侍卫陪从,乐队奏乐,热闹非凡,"衢路观者数亿万人",太宗皇帝、皇太子及后宫妃嫔在安福门楼手持香炉目送。此后,玄奘在翻经院翻译佛经。后来又有玄奘的高徒窥基住大慈恩寺,著疏释义,弘扬唯识学说,遂使大慈恩寺成为当时中国佛教的高等学府。

2. 元果院和太真院

宋钱易《南部新书》"丁"载:"长安三月十五日,两街看牡丹,奔走车马。慈恩寺元果院牡丹,先于诸牡丹半月开;太真院牡丹,后诸牡丹半月开。"①由此可知,大慈恩寺内当时有元果院和太真院,而且以牡丹著称,特别是白牡丹、紫牡丹,令人们十分向往,争相前去观看。

3. 东楼

唐刘得仁《慈恩寺塔下避暑》诗曰:"古松凌巨塔,修竹映空廊。竟日闻虚籁,深山只此凉。僧真生我静,水淡发茶香。坐久东楼望,钟声振夕阳。"②唐曹松有《慈恩寺东楼》诗。可知唐代大慈恩寺内有东楼。

4. 南池

唐韦应物《慈恩寺南池秋荷咏》诗曰:"对殿含凉气,裁规覆清沼。衰红受露多,余馥依人少。萧萧远尘迹,飒飒凌秋晓。节谢客来稀,回塘方独绕。"③"殿"应指的是大慈恩寺的主要殿堂,南池面对大殿,池中有莲花,此外应该还有其他池沼。由于佛教认为佛家之地为弥陀的净土,以莲花为象征,因此佛教寺院多种植莲花。大慈恩寺僧人精心培育的莲花誉满京城。

5. 碑屋

唐高宗显庆元年(656年),为放置唐高宗李治御书的大慈恩寺碑,在佛殿的东南角修建了房舍,人称碑屋。《大慈恩寺三藏法师传》载,"碑至,有司于佛殿前东南角别造碑屋安之。其舍复拱重栌,云楣绮栋,金华下照,宝铎上晖,仙掌露盘,一同灵塔"④。高宗皇帝还亲自手书"显庆元年"四字。

---

① [宋]钱易. 南部新书 [M]. 黄寿成,点校. 北京:中华书局,2002:49.
② [清]彭定求,等. 全唐诗 [M]. 增订本. 北京:中华书局,1999:6348.
③ [清]彭定求,等. 全唐诗 [M]. 增订本. 北京:中华书局,1999:1998.
④ [唐]慧立,[唐]彦悰. 大慈恩寺三藏法师传 [M]. 孙毓棠,谢方,点校. 北京:中华书局,2000:191.

6. 戏场

据宋钱易的《南部新书》"戊"载："长安戏场多集于慈恩，小者在青龙，其次荐福、永寿。"又据唐张固《幽闲鼓吹》："宣宗嘱念万寿公主，盖武皇世有保护之功也。驸马郑尚书（即郑颢）之弟顗，尝危疾，上使讯之，使回，上问：'公主视疾否？'曰：'无。''何在？'曰：'在慈恩寺看戏场。'上大怒，且叹曰：'我怪士大夫不欲与我为亲，良有以也。'命召公主。公主走輂，……上责曰：'岂有小郎病乃亲看他处乎？'立遣归宅。"可知，戏场亦为大慈恩寺的组成部分，而且在长安还是有名的大戏场。

此外还有西塔院（即今存的寺院），以及一些名称散见于唐代诗文中的建筑。由于史料记载匮乏，难以细述。寺院的建筑装饰，从上面的引文可知，相当讲究，其中最有特色的为佛教题材的壁画。据《历代名画记》《唐朝名画录》等记载，塔内有尹琳、尉迟乙僧、吴道子、杨庭光、郑虔、毕宏、王维、阎立本等人的画作，许多为名品佳作。大慈恩寺的壁画，不仅装饰了殿堂，而且以艺术的形式宣传宗教，给寺院增添了神秘色彩。

与大慈恩寺壮丽辉煌的殿宇相匹配的，当然是庄严华美的装饰与陈设。从有关送三藏法师及诸大德入寺仪式的记述可知，当时朝廷将原藏于宫中的绣、画等佛像送给大慈恩寺 200 余躯，"金缕绫罗幡五百口"，"床褥器物，备皆盈满"。此外，还有玄奘法师从天竺带回来的经、像、舍利等，也一并从弘福寺移至大慈恩寺内。寺内建筑雕梁画栋，墙壁上装饰有精美的壁画，都是出自当时的名家之手，将整个大慈恩寺装点得金碧辉煌、美轮美奂。

但是，关于大慈恩寺的园林布局、建筑特点的具体史料，如今已经难以找到了。今天我们只能凭借关于大慈恩寺的诗词歌赋等，去想象大慈恩寺当时的建筑之胜与景观之美。

如唐高宗《谒大慈恩寺》：

> 日宫开万仞，月殿耸千寻。花盖飞团影，幡虹曳曲阴。
> 绮霞遥笼帐，丛珠细网林。寥廓烟云表，超然物外心。①

---

① ［清］彭定求，等. 全唐诗［M］. 增订本. 北京：中华书局，1999：22.

苏颋《慈恩寺二月半寓言》：

二月韶春半，三空霁景初。献来应有受，灭尽竟无余。
化迹传官寺，归诚谒梵居。殿堂花覆席，观阁柳垂疏。
共命枝间鸟，长生水上鱼。问津窥彼岸，迷路得真车。
行密幽关静，谈精俗态祛。稻麻欣所遇，蓬藋怆焉如。
不驻秦京陌，还题蜀郡舆。爱离方自此，回望独踟蹰。①

张说《奉和同皇太子过慈恩寺应制二首·其一》：

翼翼宸恩永，煌煌福地开。离光升宝殿，震气绕香台。
上界幡花合，中天伎乐来。愿君无量寿，仙乐屡徘徊。
朗朗神居峻，轩轩瑞象威。圣君成愿果，太子拂天衣。
至乐三灵会，深仁四皓归。还闻涡水曲，更绕白云飞。②

大慈恩寺石碑

---

① [清]彭定求，等. 全唐诗 [M]. 增订本. 北京：中华书局，1999：812.
② [清]彭定求，等. 全唐诗 [M]. 增订本. 北京：中华书局，1999：942-943.

大慈恩寺落成后，唐太宗和太子李治举行了隆重的入寺仪式。仪式由太常卿江夏王李道宗主持，万年令宋行质、长安令裴方彦协助，将皇家九部乐和长安城的音声队伍集于一体，并从各寺借来幢帐装点，整个仪式规模宏大，气氛庄严。"其锦彩轩槛，鱼龙幢戏，凡一千五百余乘，帐盖三百余事"，并经、像、舍利等从弘福寺出发，京城众僧侣手持香华、唱赞梵呗随后，文武百官及各将侍卫部列陪从。"眩日浮空，震耀都邑"，沿路观者不可计数。

同时，唐太宗命苏方士为长孙皇后造《妙法莲华经》，以追福报。数天后，又在百官和仪卫的扈从下到大慈恩寺礼佛。其间，太子会见了五十大德，向他们讲述了自己造寺之原因，感动之下不禁呜咽。众僧和同行的人都被太子的纯孝所感动，认为太子像舜帝一样。太子遂登上东阁，宣布了太宗的赦令。

唐太宗驾崩后，李治继位，是为唐高宗。玄奘认为大慈恩寺是高宗皇帝为追思母亲所建，此事应该刻碑立文，传扬于后世。此建议得到了高宗的应允。高宗亲制大慈恩寺碑文。此碑送到大慈恩寺的时候，玄奘法师亲率大慈恩寺徒众和京城僧尼，到芳林门迎接。

寺院建成后，太子李治经常前来巡视。有一次，李治巡历寺院，来到玄奘法师的住处，还在门上亲笔题写了一首题为《谒慈恩寺题奘法师房》的五言诗：

> 停轩观福殿，游目眺皇畿。法轮含日转，花盖接云飞。
> 翠烟香绮阁，丹霞光宝衣。幡虹遥合彩，定水迥分晖。
> 萧然登十地，自得会三归。

四、大慈恩寺风物

唐代的大慈恩寺是一座园林式寺院，因为南临黄渠，门前有天然的池塘，因而景致得天独厚。大慈恩寺有种植花木的传统，寺内广植花草树木，有绿竹、苍松、侧柏、国槐、龙爪槐等，牡丹、凌霄花、杏花、荷花等，其中又以牡丹最为出名。

1. 大慈恩寺南池

唐代大慈恩寺内曾经有数个泉眼，泉水比较丰沛，流出寺外，汇入黄渠。于是黄渠在大慈恩寺的东南逐渐变得开阔起来，形成了一个四五亩见方的水塘，称为南池。池中有荷花，池上有石桥，池边有垂柳，池周围修竹丛生。池南就是杏园。这里一年四季风景如画。

唐代诗人韦应物对南池甚是喜爱，曾作《慈恩精舍南池作》和《慈恩寺南池秋荷咏》。其《慈恩精舍南池作》咏云：

> 清境岂云远，炎氛忽如遗。重门布绿阴，菡萏满广池。
> 石发散清浅，林光动涟漪。绿崖摘紫房，扣槛集灵龟。
> 泛泛余露气，馥馥幽襟披。积喧忻物旷，耽玩觉景驰。
> 明晨复趋府，幽赏当反思。①

《慈恩寺南池秋荷咏》咏云：

> 对殿含凉气，裁规覆清沼。衰红受露多，余馥依人少。
> 萧萧远尘迹，飒飒凌秋晓。节谢客来稀，回塘方独绕。②

此外，司空曙有《早春游慈恩南池》：

> 山寺临池水，春愁望远生。蹋桥逢鹤起，寻竹值泉横。
> 新柳丝犹短，轻蘋叶未成。还如虎溪上，日暮伴僧行。③

如果说塔是大慈恩寺的风骨和脊梁，那么黄渠和南池就是大慈恩寺的血脉。这弯活水让大慈恩寺灵动起来，无论何时都显得生机盎然，就像世外桃源一般。可惜的是，后来随着长安地下水位的下降，大慈恩寺的泉眼、黄渠和南池逐渐都消失在历史长河中。

2. 大慈恩寺竹林

《唐两京城坊考》称大慈恩寺门前南池周边，"水竹深邃，为京都之最"。大慈恩寺前的茂林修竹一度是大慈恩寺的重要标识。

在唐人吟咏大慈恩寺的诗中，涉及大慈恩寺竹林的就不少。著名者有韩翃的《题慈仁（一作恩）寺竹院》：

---

① ［清］彭定求，等. 全唐诗［M］. 增订本. 北京：中华书局，1999：1983.
② ［清］彭定求，等. 全唐诗［M］. 增订本. 北京：中华书局，1999：1998.
③ ［清］彭定求，等. 全唐诗［M］. 增订本. 北京：中华书局，1999：3306.

大慈恩寺南池

千峰对古寺，何异到西林。幽磬蝉声下，闲窗竹翠阴。
诗人谢客兴，法侣远公心。寂寂炉烟里，香花欲暮深。①

还有贾岛的《慈恩寺上座院》：

未委衡山色，何如对塔峰。曩宵曾宿此，今夕值秋浓。
羽族栖烟竹，寒流带月钟。井甘源起异，泉涌渍苔封。②

另有岑参的《雪后与群公过慈恩寺》：

乘兴忽相招，僧房暮与朝。雪融双树湿，沙暗一灯烧。
竹外山低塔，藤间院隔桥。归家如欲懒，俗虑向来销。③

此外还有许棠的《题慈恩寺元遂上人院》："竹槛匝回廊，城中似外方。月

大慈恩寺竹林

---

① ［清］彭定求，等. 全唐诗［M］. 增订本. 北京：中华书局，1999：2732.
② ［清］彭定求，等. 全唐诗［M］. 增订本. 北京：中华书局，1999：6718.
③ ［清］彭定求，等. 全唐诗［M］. 增订本. 北京：中华书局，1999：2087.

云开作片，枝鸟立成行。……"①咏大慈恩寺竹林的名句则更多，如"名香连竹径，清梵出花台""鱼沉荷叶露，鸟散竹林风""蹑桥逢鹤起，寻竹值泉横""氲氛芳台馥，萧散竹池广"等，不胜枚举。

3. 大慈恩寺牡丹

唐代民间爱花的习俗很盛，种花、赏花、插花等在民间非常普遍，在僧人中尤盛。大慈恩寺是长安种植花卉最出名的地方，种植了很多名贵花卉。每到春天，长安的达官显贵们纷纷到大慈恩寺进香、赏花，非常热闹。在大慈恩寺风物中，最著名者莫过于牡丹，堪称一绝。

据《唐两京城坊考》记载，每年从农历三月十五日开始，大慈恩寺的牡丹便会次第开放，其中元果院的牡丹最先开放，然后是浴堂院、西院的牡丹，最后是太真院的牡丹，整个春季大慈恩寺内姹紫嫣红，各种牡丹争奇斗艳。长安百姓纷纷走进大慈恩寺观赏牡丹，其场景非常盛大。

晚唐文人康骈的小说集《剧谈录》中，有对长安百姓赴大慈恩寺观赏牡丹的记录：

> 京国花卉之晨，尤以牡丹为上。至于佛宇道观，游览者罕不经历。慈恩浴堂院有花两丛，每开及五六百朵，繁艳芬馥，近少伦比。有僧思振常话，会昌中朝士数人，寻芳遍诣僧室。时东廊院有白花可爱，相与倾酒而坐，因云牡丹之盛，盖亦奇矣。然世之所玩者，但浅红深紫而已，竟未识红之深者。院主老僧微笑曰："安得无之？但诸贤未见尔！"于是从而诘之，经宿不去。云："上人向来之言，当是曾有所睹。必希相引寓目，春游之愿足矣！"僧但云："昔于他处一逢，盖非辇毂（指京城）所见。"及旦求之不已，僧方露言曰："众君子好尚如此，贫道又安得藏之？今欲同看此花，但未知不泄于人否？"朝士作礼而誓云："终身不复言之。"僧乃自开一房，其间施设幡像，有板壁遮以旧幕。幕下启关而入，至一院，有小堂两间，颇甚华洁，轩庑栏槛皆是柏材。有殷红牡丹一窠，婆娑几及千朵，初旭才照，露华半晞（消散），浓姿半开，炫耀心目。朝士惊赏留恋，及暮而去。僧曰："予

---

① ［清］彭定求，等. 全唐诗［M］. 增订本. 北京：中华书局，1999：7042.

大慈恩寺牡丹

保惜栽培近二十年矣,无端出语,使人见之。从今已往,未知何如耳!"信宿,有权要子弟与亲友数人同来入寺,至有花僧院,从容良久,引僧至曲江闲步。将出门,令小仆寄安茶笈,裹以黄帕,于曲江岸藉草而坐。忽有弟子奔走而来,云有数十人入院掘花,禁之不止。僧俯首无言,唯自吁叹。坐中但相盼(视)而笑。既而却归至寺门,见以大畚盛花异而去。取花者因谓僧曰:"窃知贵院旧有名花,宅中咸欲一看,不敢预有相告,盖恐难于见舍。适所寄笈子中,有金三十两、蜀茶二斤,以为酬赠。"①

这则故事讲的是,大慈恩寺里原来有两丛牡丹花,"每开及五六百朵",已经非常珍稀,"近少伦比"。后来有位老僧人花费近20年时间又培育出一窠"婆娑几及千朵"的殷红牡丹,更是世所罕见。因此被权要子弟惦记,并设计盗挖而去。这则故事反映出大慈恩寺的牡丹是多么的珍贵稀有。

大慈恩寺牡丹的出众之处,不仅在于其品种多而且名贵,还在于花色丰富,

---

① [唐] 康骈. 剧谈录 [M]. 影印本. 永瑢. 钦定四库全书:子部, 上海:上海古籍出版社, 1987.

从浅白到深色，应有尽有。最有名者属花王"姚黄"、花后"魏紫"，以及很少见的深红色珍品牡丹。唐代诗人裴潾曾有吟颂大慈恩寺紫牡丹和白牡丹的诗，其《白牡丹》（一作《长安牡丹》）诗云：

> 长安豪贵惜春残，争赏先开紫牡丹。
> 别有玉杯承露冷，无人起就月中看。①

唐朝宰相权德舆也非常喜爱大慈恩寺的牡丹，经常到大慈恩寺礼佛、赏花。他有一首《和李中丞慈恩寺清上人院牡丹花歌》的诗：

> 澹荡韶光三月中，牡丹偏自占春风。
> 时过宝地寻香径，已见新花出故丛。
> 曲水亭西杏园北，浓芳深院红霞色。
> 擢秀全胜珠树林，结根幸在青莲域。
> 艳蕊鲜房次第开，含烟洗露照苍苔。
> 庞眉倚杖禅僧起，轻翅萦枝舞蝶来。
> 独坐南台时共美，闲行古刹情何已。
> 花间一曲奏阳春，应为芬芳比君子。②

上至皇帝、宰相，下到普通士子，皆对大慈恩寺牡丹念念不忘，可见大慈恩寺牡丹之贵重。

4. 大慈恩寺柿树

柿树是中国北方常见的落叶乔木，树干挺拔，高可达 15 米，树冠优美；其树叶为油绿色，如手掌大小，呈椭圆形或倒卵形，经霜会变红，色彩非常绚烂；其果实糖分很高，营养丰富，是中国最传统的水果。在北方人看来，柿树既是上天赐予的珍贵果树，又是美丽的观赏树。

大慈恩寺的柿树也非常有名，据传说高达 8 丈（合 24 米多），三人不能合抱；其冠如云，阔 9 丈余（合 27 米多）。每到秋季霜降前后，大慈恩寺的柿树

---

① ［清］彭定求，等. 全唐诗［M］. 增订本. 北京：中华书局，1999：5807.
② ［清］彭定求，等. 全唐诗［M］. 增订本. 北京：中华书局，1999：3668.

大慈恩寺柿树

树叶通红如染,美不胜收,经常引得游人前来观赏。叶落后,红彤彤的柿子小巧可爱,是僧众招待达官贵人必备的水果。"柿子"谐音"师子",寓意"尊师重道";庭前植柿树,又象征着事事如意、红红火火。

唐人段成式在他的《寺塔记》中,把大慈恩寺的柿树与白牡丹并列。白居易有诗云:"自问有何惆怅事,寺门临入却迟回。李家哭泣元家病,柿叶红时独自来。"①

5. 大慈恩寺凌霄花

凌霄花是紫葳科、凌霄属攀缘藤本植物,又名陵苕、女葳、紫葳等,茎多气根,攀缘他物而上升,有长至数丈者。梢头着花,合瓣花冠,形大,花端分裂为五,稍成唇形,色黄赤。《诗经》有云:"苕之华,芸其黄矣。"据《本草纲目》记载,凌霄花的茎、叶都具有药用价值,其性甘、酸而寒,有活血化瘀、凉血祛风等功效。

---

① [清]彭定求,等. 全唐诗[M]. 增订本. 北京:中华书局,1999:4958.

凌霄花的寓意为慈母之爱。大慈恩寺的凌霄花大约种植于建寺之初,是为了纪念长孙皇后而栽种的。到了中唐时期,大慈恩寺的凌霄花已经有100余年的树龄。每年夏五月,大慈恩寺的凌霄花就会竞相绽放。

第三节 大慈恩寺的历史沿革与修缮

大慈恩寺在有唐一代基本保持着崇高的地位,尤其是在唐高宗、武则天在位期间。即便在之后的"会昌法难"中,大慈恩寺也得以存留。从唐末、五代到元朝,大慈恩寺数次遭到毁灭性打击,很多时候就只剩下孤零零的大雁塔。明清及以后,很多皇室成员、官员,还有僧侣、士子、民众,都对大雁塔的保护做出了贡献。唐代的大慈恩寺虽为法相宗祖庭,但是净土宗、密宗的祖师也曾在这里弘法,寺内禅宗、律宗的高僧也很多,有百花齐放的气象。宋元时期,大慈恩寺比较衰微,成为一座禅宗寺院。明清时期,大慈恩寺又成了西安乃至西北最重要的寺院之一。

大慈恩寺门庭

一、大慈恩寺的历史沿革

1. 唐贞观至长安时期的辉煌

大慈恩寺从贞观年间建成，就进入辉煌时期，唐太宗、唐高宗、武则天对其都非常重视。

唐太宗贞观二十二年（648 年）六月，太子李治为追念其母文德皇后长孙氏，决定在长安南晋昌坊的净觉伽蓝旧址营建新寺。十月，唐太宗敕令，为该寺度僧 300 人，另请 50 位大德入住，并正式为新寺赐名"大慈恩寺"；同时，令增建翻经院，延请玄奘法师为上座，负责管理寺院，并主持翻经院的译经场。同年十二月，太宗皇帝为玄奘举行了空前盛大的入寺升座仪式，沿途观者无数。数天后，太子李治前来寺内礼佛，在玄奘法师的房门上题五言诗一首。

唐高宗永徽三年（652 年）三月，玄奘法师计划在大慈恩寺建塔，以保存从天竺请回来的经、像和舍利。在高宗的支持下，宝塔建成。塔在大慈恩寺西院，分为 5 级，以石为基，夯土为心，外裹青砖。塔的层层中心皆有舍利，最上层为石室，藏经、像。塔下层南外壁嵌有两碑，左为太宗皇帝所撰《大唐三藏圣教序》，右为高宗皇帝所撰《大唐皇帝述三藏圣教序记》，皆出自大书法家褚遂良之手。同年五月，中印度国摩诃菩提寺沙门法长至大慈恩寺礼谒、参访玄奘法师，并转递同寺大德智光、慧天致玄奘法师的书信、著作和礼物。有印度僧人阿地瞿多来到长安，高宗敕令将其安置在大慈恩寺。

永徽四年（653 年），日本僧人道昭离开大慈恩寺回国。道昭与道严于贞观末年入唐，师从玄奘法师学习法相唯识学及《俱舍》学。

永徽六年（655 年），印度僧人那提携大小乘经律论梵本 500 余箧，合 1500 余部，抵达长安。唐高宗敕令将其安置于大慈恩寺，并令有司供给其日常所需。

唐高宗显庆元年（656 年）一月，朝中大臣薛元超、李义府等来大慈恩寺参礼玄奘法师。玄奘法师请二人代为上奏，请朝廷派员监护译场，并请高宗皇帝为大慈恩寺撰写建寺碑文。二月中，御制大慈恩寺碑文撰成，宰相长孙无忌奉敕在朝中宣读。三月，中书令许敬宗遣使将御制大慈恩寺碑文送至大慈恩寺。玄奘法师率众僧诣阙陈谢，又奏请高宗御书该碑文。四月八日，高宗御书大慈恩寺碑镌刻完毕。四月十四日，以盛大仪式送碑入寺。

显庆三年（658 年），日本僧人智通、智达入唐求法，住大慈恩寺，师从玄奘法师。同年七月，玄奘法师从大慈恩寺迁到西明寺继续翻译佛经。显庆四年

（659年）十月，玄奘法师率众译经大德及部分弟子从西明寺迁至坊州（今陕西铜川）玉华寺①继续译经。

唐高宗麟德元年（664年），玄奘法师圆寂。法体自玉华寺送回长安，停放在大慈恩寺翻经堂内。一月后，举行荼毗仪式，葬于城东白鹿原，起塔供养。

玄奘法师圆寂后，其弟子窥基仍住大慈恩寺，继承他的遗志，为所译经书作注疏。窥基撰写新疏100余部，大力弘扬法相唯识学。其间，慧沼和尚进入大慈恩寺，师从窥基、普光学习法相唯识经典。同时，玄奘法师的高足新罗僧人神昉法师重回大慈恩寺弘法。

唐高宗总章二年（669年），高宗下诏将玄奘法师的遗骨从白鹿原迁葬于少陵原畔，起塔供养，又因塔建寺。

唐高宗上元二年（675年），善导大师监造龙门卢舍那大佛成功，返回长安，其间或住蓝田悟真寺，或住长安城内的光明寺、实际（温国）寺、大慈恩寺。善导大师圆寂后，葬于终南山下神禾原，立13层"唐慈恩寺善导禅师塔"——崇灵塔，旁建塔寺——香积寺。唐宣宗大中五年（851年），僧释志遇撰《唐慈恩寺善导和尚塔铭》。大慈恩寺内立有善导和尚碑。

唐高宗永淳元年（682年），玄奘法师的衣钵传人窥基法师圆寂于大慈恩寺，葬于樊川，后迁葬少陵原玄奘塔旁，并起塔于玄奘塔侧。窥基法师自唐高宗麟德元年（664年）从玉华寺返回大慈恩寺后，除两次短住山西五台山外，大部分时间住在大慈恩寺，弘扬法相唯识学。

光宅元年（684年），玄奘法师被追谥为"大遍觉法师"。

武周证圣元年（695年），神昉法师在大慈恩寺圆寂，并在寺内起塔供养，塔铭由武三思撰写。

武周长安年间（701—704），大雁塔颓毁，武则天及王公大臣施钱加以重建。新塔"崇三百尺"，内设木楼梯，可以逐级登攀。

---

① 位于今陕西省铜川市西北郊玉华镇，唐武德七年（624年）于宜君县兴造仁智宫，贞观二十一年（647年）扩建，改名为玉华宫。次年，唐太宗度夏于此，接见玄奘。永徽元年（650年），废宫为寺，"寺内有肃成殿，永徽中奉敕令玄奘法师于此院译经，每言此寺即阎浮之兜率天也"（《元和郡县图志》卷三）。

大慈恩寺寺内小景

2. 唐开元至广明年间的盛极而衰

唐玄宗开元年间，大慈恩寺呈现出百花齐放的景象，禅宗、密宗、净土宗、律宗高僧相继在这里登坛说法，很多外国僧侣也在这里入住。

唐玄宗开元元年（713年），禅宗僧人义福住大慈恩寺。开元七年（719年），印度密宗高僧金刚智来到长安，玄宗敕令将其迎请至大慈恩寺安置，后又移住他寺。金刚智是密宗的创始人之一，与善无畏、不空合称"开元三大士"。开元十七年（729年），大慈恩寺惠教禅师圆寂，在大慈恩寺内起塔供养。贺兰钦明为之撰写塔铭。唐玄宗天宝四年（745年），大慈恩寺著名律宗高僧道进律师圆寂，于寺内起塔供养，高参为之撰写塔铭。

唐德宗贞元十六年（800年），印度僧人牟尼室利抵达长安，后住在大慈恩寺翻译佛教典籍。唐宪宗元和元年（806年），牟尼室利在大慈恩寺入寂。

唐文宗开成三年（838年）至唐武宗会昌六年（846年），日本僧人释圆仁入唐求法，曾往大慈恩寺登塔览胜。

唐武宗会昌年间（841—846），大慈恩寺虽然免于被关闭，但是也由此结束了近200年的辉煌。

会昌年间，武宗皇帝推行"灭佛"的政策。会昌四年（844年）七月，武宗敕令毁拆全国所有房屋不满200间、没有敕额的寺院，命其僧尼全部还俗；全国僧尼中有犯罪记录和不能持戒者尽皆还俗；僧道行咒术、妖术等者同禁，其私人财产全部"充入两税徭役"。长安城只保留了大慈恩寺、荐福寺、西明寺、庄严寺。

唐懿宗咸通三年（862年），日本僧人宗睿和尚来到长安，跟随大慈恩寺密宗高僧造玄等学习金胎两部秘法。咸通六年（865年），造玄在大慈恩寺编《金胎两部大法师资血脉》。

唐僖宗广明元年（880年）十二月十三日，黄巢攻破长安，大慈恩寺部分院落遭到破坏。唐僖宗中和三年（883年）、唐昭宗天祐元年（904年），长安城先后遭到杨复恭、李茂贞、朱温等叛军的破坏，大慈恩寺也毁于战火中，只有大雁塔尚存。

3. 五代至民国时期的兴衰

从五代到元朝是大慈恩寺最为式微的时期，天灾、人祸不停地损毁着这座古寺。

五代后唐明宗长兴年间（930—933），西京留守安重霸重修大慈恩寺。重修的大慈恩寺以禅宗伽蓝制度修建，不复唐时园林景观。僧人莲芳参与了大慈恩寺的重修工作，王仁裕为之撰写了重修记。重修后的大慈恩寺已经完全是一个禅宗寺院。

北宋神宗熙宁年间（1068—1077），"富民康生遗火"，导致大慈恩寺及大雁塔发生了严重的火灾。被焚的大雁塔"涂圬皆剥，而砖始露焉"，唐代"雁塔题名"得以重见天日。北宋徽宗时，柳瑊、樊察、王正叔、李知常等人协作，剥壁摹写、拓印雁塔刻石，编成《慈恩雁塔唐贤题名》十卷，由樊察撰序，柳瑊作跋。

金哀宗正大年间（1224—1231），金军与蒙古军在关中交战，大慈恩寺又一次被战火毁坏，只有大雁塔独存。

明清时期，在各方的努力下，大慈恩寺又有了复兴的迹象。

明英宗正统十四年（1449年），秦藩兴平庄惠王崇信佛教，感慨于大慈恩寺的毁废，亲自出资，并募集善款，准备重修大慈恩寺。但不久后庄惠王病亡，其志愿没有达成。明英宗天顺二年（1458年）至明宪宗成化二年（1466年），继任的兴平王继承先王遗志，重修寺宇，并恭请大德住持，大慈恩寺开始复兴。明神宗万历三十二年（1604年），西安僧俗信众再次重修大慈恩寺，并对大雁塔进行了加固处理，在塔内重设楼梯，塔外壁包砌36～60厘米厚的水磨砖对缝包层，以保护塔体。工程于次年完工。

清康熙十年（1671年），原四川崇庆州知州王毓贤等人游览大慈恩寺，见寺前遇仙桥损毁，于是共同捐资重修遇仙桥。工程不满一月即宣告完工。清康熙十七年（1678年），兵部侍郎、陕西总督哈占[①]集资对大慈恩寺前轩做了简单的修葺。清康熙二十七年（1688年），川陕总督鄂海[②]捐赠自己的俸禄，重修了大慈恩寺。清康熙四十四年（1705年），僧俗信众为曹洞正宗第三十一世法嗣憨月圆禅师立塔于大慈恩寺内。

清雍正九年（1731年），僧俗信众为曹洞正宗第三十二世法嗣、大慈恩寺住

[①]哈占（？—1686），满洲正蓝旗人，伊尔根觉罗氏，清朝将领，康熙十二年（1673年）任陕西总督。

[②]鄂海（？—1725），满洲镶白旗人，温都氏，清朝大臣。自笔帖式授内阁中书，历宗人府郎中，兼佐领。康熙三十二年（1693年）始任陕西按察使，康熙五十二年（1713年）任川陕总督，故碑文重修时间恐有误。

持粲然和尚立塔于大慈恩寺，其塔有塔铭。后，又有僧俗信众为曹洞正宗第三十五世法嗣、大慈恩寺住持治宽和尚立寿塔于寺内。清雍正十三年（1735年），和硕果亲王胤礼①来到大慈恩寺参礼，与住持法师印证佛法，相谈甚欢，并亲笔题写了"慈云法雨"四字赠给了大慈恩寺。

清乾隆十一年（1746年）前后，憨公和尚、印可上人先后任住持，对大慈恩寺进行了维修。清道光十二年（1832年），大慈恩寺方丈清元长老募集资金，再次重修了大慈恩寺。清道光二十五年（1845年），曹洞正宗第三十六世法嗣慧彻清悟和尚圆寂于大慈恩寺堂上，僧俗信众为其立灵骨塔于寺内。清咸丰九年（1859年），曹洞正宗第三十七世法嗣瑞林觉科和尚圆寂于大慈恩寺堂上，僧俗信众为其立寿塔于寺内。

清同治元年（1862年），陕西"回民起义"爆发，大慈恩寺焚毁于战火中，唯塔犹存。清光绪十三年（1887年），兵部侍郎、陕西巡抚叶伯英，陕西观察使方伯用余俸重修大慈恩寺。清光绪二十五年（1899年），曹洞正宗第三十九世法嗣净成纯公和尚圆寂于大慈恩寺，信众为其立灵骨塔于寺内。

民国时期，在朱子桥将军、康寄遥会长和太虚法师等僧俗信众的努力下，大慈恩寺再次呈现出中兴迹象。

民国十九年（1930年），在陕西赈灾的著名慈善家朱子桥，铁道部总长叶虎查，省府厅长勉仲，五台山佛教会会长杨子繁、李福田出资修葺了大慈恩寺。经重修，寺宇"金碧辉煌，栋梁灿灼，莲台、佛像焕然一新"。宝生和尚具体负责工程，后接任大慈恩寺住持。朱子桥还与李福田、唐慕汾、康寄遥，以及陕西的诸高僧大德、居士等一起于大慈恩寺发起创设慈恩学院，以期恢复法相唯识学说的传承。

民国二十年（1931年），太虚法师应朱子桥、康寄遥、高戒忍等居士的邀请来西安弘法。其间，太虚法师在大慈恩寺宣讲《弥勒上生经》，并与妙阔、宝生、常真等一起重建法相唯识宗，并自任宗长，后又亲自为慈恩学院聘请教员，设计课程。

---

①胤礼，清果毅亲王，康熙帝第十七子，世袭罔替。清雍正元年（1723年）被封郡王，封号"果"；雍正六年（1728年）进亲王；死后谥号"毅"。

二、大慈恩寺的修缮

大慈恩寺自建成后,历经多次毁坏,很多时候都是"殿堂僧舍被焚,唯一塔俨然"。从唐朝开始,到五代、宋、元、明、清、民国,留下了许多关于修缮的记录。大慈恩寺的每一次修复,都是以大雁塔为中心。因此,如今的大慈恩寺,所有的建筑比例都是以大雁塔为基准。无论是寺内的大雄宝殿和法堂,还是钟鼓楼,相对大雁塔都要略小一些。大殿与法堂都只有5间单层;钟鼓楼虽然有两层,但内部空间却只够放得下大钟和大鼓。大慈恩寺和一般的大寺庙相比较,也缺少牌坊、天王殿、放生池等建筑。尽管如此,无论是远观大雁塔与山门,还是近看大雁塔与大雄宝殿,大慈恩寺的所有建筑都极为协调美观。

1. 唐、五代时期的三存三毁

在唐朝,作为皇家寺院的大慈恩寺富丽辉煌。但是如此辉煌的寺院,曾三番五次遭受损毁。

唐武宗会昌年间实行"灭佛"政策,佛教史上称之为"会昌法难"。其间,大量佛寺被毁,僧侣被勒令还俗。大慈恩寺属于敕建寺院,虽然避免了在这场劫难中被毁的命运,但附属的寺院经济却未能幸免。唐宣宗即位后,虽然归还了部分庙产,但大慈恩寺的辉煌已然不再。

唐朝末年,黄巢起义爆发。黄巢率领的起义军与唐朝政府军在长安城进行了反复的争夺战。一时间长安城如同人间地狱,满目疮痍,大慈恩寺的很多建筑也因战火而毁坏。

唐昭宗天佑元年(904年),军阀朱温逼迫昭宗迁都洛阳,并下令拆毁长安城,强迫长安居民东迁,从而致使大慈恩寺的殿宇大多不复存在,仅剩一座孤塔伫立。

此后,留守长安的佑国军节度使韩建出于驻防的需要,对长安城进行了缩小改建——改建后长安城的范围只相当于唐朝强盛时的皇城。原来坐落于原外郭城东南部的大慈恩寺已然成了远郊。

到了五代时期,大慈恩寺已经成为一片废墟,寺内其他殿宇建筑荡然无存,只剩下一座孤塔——大雁塔,且塔身布满泥污,其上唐代名士的题字已无法辨认。一位法号莲芳的僧人四处化缘募款,对大慈恩寺进行了部分重修,使得这座寺院多少恢复了一缕生机。值得一提的是,此次重修之后,寺院的范围已非昔日的半坊之地,只剩下大雁塔所在的西塔院部分。从此之后,历朝历代对大慈恩寺的维修都没有超过这一范围。今天我们所见的大慈恩寺的格局，大约在那时已基本确定了。

大慈恩寺的重修，尤其是大雁塔的修缮，使得此地再次成为长安士庶重要的游乐之所，"每岁春时，游者道路相属"。但是好景不长，大雁塔在宋元之际又屡遭劫难。

2. 宋元时期的存废

据现今我们所能搜集到的资料显示，宋元时期大慈恩寺曾遭到两次大的灾难。

第一次是宋神宗熙宁年间（1068—1077）的火灾。据史料记载，是因为一户康姓富民"遗火"，导致大火连烧数日，寺内殿堂倾塌；大雁塔也受到殃及，塔内楼梯被毁，无法攀登。

不过，因为这场大火，塔壁上的泥污剥落，唐代的题记得以重现。宋人张礼游历大慈恩寺时，塔壁上唐代风流名士的题名清晰可见。宋徽宗时，柳瑊、樊察、王正叔、李知常等人通力协作，剥壁摹写，刻石，拓印，编成《慈恩雁塔唐贤题名》十卷，刊行于世。

第二次是金元之际的战争破坏。金哀宗正大年间（1224—1232），蒙古军进攻长安，金军与蒙古军在关中进行了反复的争夺，大慈恩寺再次被毁。除大雁塔外，重要的题名碑记，只有塔东西两侧龛内的褚遂良书《大唐三藏圣教序》《大唐皇帝述三藏圣教序记》等数座碑刻幸免于难，其余寺宇皆荡然无存。据寺内资料记载，元代大慈恩寺内除大雁塔外，仅存有贵由所立经幢一方。

3. 明代的修缮

宋元时期，大慈恩寺一荒废就是200余年，直到明朝初期才迎来再一次的重修。

明朝建立后，明太祖朱元璋大行分封皇族。他将次子朱樉封为秦王，坐镇西安，负责西北地区防务。明太祖洪武十一年（1378年），朱樉来到西安就藩。

自洪武年间至宪宗成化年间（1465—1487），秦藩兴平郡王一系热衷于佛事。秦藩被封为兴平郡王者，依次有恭靖王朱尚炌、兴平庄惠王朱志埁、兴平安僖王朱公铄等。明英宗正统十四年（1449年），兴平庄惠王朱志埁见到这座唐代名刹残破不堪，甚为感怀，于是准备出资将其重修。然而，重修工程还未开始，庄惠王却先一步离世。

兴平安僖王继任后，为了完成父亲的遗愿，立即着手重修大慈恩寺。这次重修工程始于英宗天顺二年（1458年），终于宪宗成化二年（1466年），历时9

巍巍雁塔

年。事毕，陕西参知政事张用瀚奉命为之撰碑文《重修大慈恩禅寺记》，述其功德。现寺内还保存有当时的重修碑记。据碑文载，当时"寺已倾颓，塔已荒落。……乃卜吉日，拆旧废残，起前殿二，各五楹。山门、廊庑、方丈、僧堂，以数峙立"。

有趣的是，主导此次重修工程的朱明王朝的皇室成员，无论是庄惠王还是安僖王，都以"孝敬慈善"为人所称道，与唐高宗李治营建此寺的缘由颇为相似。此次大修，原则是拆去旧的，废弃残的，全部加以改建。重建了前后二殿，各为五楹；又建山门、廊庑、方丈、僧堂等。雕梁画栋，绚丽夺目。寺院殿宇的修建工程结束之后，又塑以诸佛、天王等像，各饰金妆。大雁塔也得到了修葺维护，"由是整然一新，美哉轮奂，视昔有加"。

同时，兴平安僖王又恭请有戒行的大德来住持，领导僧众弘法修行，祝延圣寿，阴翊皇图。从此以后，大慈恩寺又恢复了"朝钟暮鼓，早香夜经"，法事兴隆的景象，并再次成为长安士庶游乐、宴息的胜地。陕西地方乡试举子也效仿唐代故事，中举后皆立碑纪念，"雁塔题名"处成了西安的文化名区。

又经过100多年的风吹雨淋日蚀，加之嘉靖年间的地震，大雁塔遭到不同程度的损坏，塔内楼梯塌圮，塔外檐角风铎掉落，残败不堪。

明神宗万历三十二年（1604年），地方官府再次对大雁塔进行了修葺与维护。主要对唐代的塔体进行了加固，并重建了塔内楼梯，通过楼梯可登临各层。在唐塔体外包砌水磨砖，并对缝包层。此外，还补足了塔檐角所缺风铎（风铎上刻有"万历三十二年重修"字样），使大雁塔换了新颜。

据载，大慈恩寺现今的寺院建筑布局和规模，包括山门、钟鼓楼、大殿、藏经楼、配房，以及塔的加固、水磨砖等，都是明代两次重修所奠定的基础。此后虽又经多次维修，但基本上保持了这一布局和规模。

4. 清代的修缮

自清朝康熙、乾隆年开始，大慈恩寺屡有重修，今寺内还保存有许多方记录当年重修时情况的碑记。

清康熙十年（1671年）五月吉旦（每月农历初一称吉旦），原四川崇庆州知州王毓贤等人从大慈恩寺前经过，见寺前石桥倾塌，决定重修该桥。该桥跨于黄渠之上，名为遇仙桥，其名称由来、修建时间皆无从考证。从寺院出来，经过遇仙桥，可直接通至杏园、曲江池和芙蓉园。王毓贤认为大雁塔周边是名贤游赏之地，而断桥残景实在有伤雅兴，于是和随同友人集资重修，不足一月便修葺完成。当时，有 5 名僧人为此盛举署名立碑。

康熙十七年（1678 年）农历四月二日，陕西总督哈公（占）、陕西巡抚杭公（爱）率僚属一干人等游览东郊。①一行人行至大雁塔憩息，游览大慈恩寺时，看到寺内前轩稍显破败，遂对其进行了简单的修葺，并未投入较大的土木劳作。此次重修及功德在明陕西西延凤汉兴等处提刑按察使司按察使加二级麻尔图撰并书的《重修大雁塔寺前轩记》中有详细记述。

根据乾隆十一年（1746 年）所刻《慈恩寺功行碑记碑》上部"雁塔胜迹图"中的描绘，当时，大慈恩寺内殿宇、殿堂名称及布局与今天的极为相近：在寺院的南北中轴线上，主要建筑自南向北有歇山式山门 5 间（中间 3 间，左右各 1 间）、歇山式天王殿 3 间（今已毁）、歇山式大雄宝殿 5 间、推山式便殿 5 间、七级大雁塔；天王殿两侧为钟鼓楼（两层，方形歇山式），钟鼓楼以北各有平房 4 幢，面宽各约 5 间，再向北又各有便殿 3 间。寺周围设有围墙，山门南面有一座两层的建筑，底层为东西向长方形台子，中间设有南北相通的两个券门洞，其上是券脊为歇山式的三间堂殿。此建筑之南即为东西流向的曲江支流。

由此可知，在康乾盛世之时，大慈恩寺的基本建筑是齐备的，院落是完整的，全部建筑约有 70 间。当时寺内有高僧住持，"丈室邸返，斋厨严整，四方冠簪，远近至者无虚日"②，其宗教法事活动情况由此可见一斑。

道光十二年（1832 年），大慈恩寺内此前重建的殿宇再次倾塌，方丈清远法师发动寺僧进行了一次大规模的重修。这次重建工程没有依靠朝廷和地方官府的力量，而是由寺僧靠化缘筹措来的经费自主修缮。主要工程量为：重造山门 3 间、钟鼓楼 2 座、天王殿 3 间、客堂 6 间、厢房 14 间、游廊 6 间，对大雁塔内的楼梯也进行了修补。

同治元年（1862 年），陕西爆发了"回民起义"，史称"同治回乱"。清廷派重兵对起义队伍进行镇压，历时两年才将起义平息。在此次战乱中，大慈恩寺

---

①原文为康熙五十七年（1718 年），有误。杭爱（？—1683），章佳氏，清满洲镶白旗人。康熙十七年前后由布政使擢陕西巡抚。康熙十九年（1680 年），调任四川巡抚。卒后谥号"勤襄"。哈占与杭爱一人死于康熙二十五年（1686 年），一人死于康熙二十二年（1683 年），"康熙五十七年"应为"康熙十七年"之误。

②见乾隆十一年由刘鉴撰文、咸邑李允宽书丹、长安卜兆梦镌刻的《慈恩寺功行碑记》，现存于大慈恩寺内。

的殿宇化为灰烬，唯有一塔岿然独存。这是大慈恩寺在千年历史沧桑中第三次遭到全毁。

光绪十三年（1887年）秋，兵部侍郎、陕西巡抚叶伯英与友人至大雁塔下郊游。叶伯英见大慈恩寺故址荒凉，佛堂湫隘，题名、碑碣委弃于瓦砾榛莽之中，于是产生了重修大慈恩寺之意。他与同行的李菊圃、方伯用、清怀、清观、察曾和等数人共同商议重修寺宇之事，大家一致推举张宏运负责统筹督工。

这次重修工程较为宏大，共建寺门5楹、佛殿2座及钟鼓二楼。但整个工程用时仅四个月，所用金、木、陶、漆等工料总计用钱3000余缗（1000文钱为一缗），全部出自叶伯英及方伯用之"余俸"。

5. 民国时期的修缮

民国十九年（1930年），关中地区发生了严重的自然灾害，冰雹、旱灾和瘟疫肆虐。在此大饥大疫之际，朱子桥居士"星夜赴陕"，开展赈灾活动。

朱子桥（1874—1941），名庆澜，字子桥、子樵、紫桥，浙江绍兴人，行伍出身，曾任地方长官兼中东铁路护路总司令。九一八事变后，朱子桥曾率部坚决抵抗日本侵略。朱子桥50岁前不信佛，甚至曾拆毁寺庙，后来因缘际会，转而信佛。他离开军政界后，主要从事社会福利事业，在对陕西赈灾救济方面业绩尤为彰著。在来陕赈济期间，朱子桥也十分重视佛教事业，其活动主要包括修复古刹丛林、祖塔和弘法两个方面。1930—1937年，他先后筹集资金整修大慈恩寺、大兴善寺、青龙寺、铁塔寺（千福寺）、泾阳太壶寺（惠果寺）、终南山净业寺、草堂寺，以及增设南五台之茅蓬等。此外，还加固了扶风法门寺塔、长安华严寺的杜顺和尚塔及清凉国师塔、兴教寺玄奘师徒三塔。其中，整修大慈恩寺和加固法门寺塔用力最多。

西安为隋唐旧都，名刹甚多。进入民国后，衰败已极，如千年古刹、城内东大街上的古开元寺，竟沦为风月场所，实是绝大讽刺。朱子桥发愿尽力恢复，乃聘请原在湖南弘化的宝生法师，到西安主持大慈恩寺。大慈恩寺是法相唯识宗的根本道场，宝生入住后，大为振刷，添设僧寮，整修大雁塔，实行丛林制度，上堂过殿，树立丛林规模。所需一切经费，由朱子桥、五台山佛教会及张环海居士等支持供应。

唐玄奘法师之舍利塔，及窥基、圆测二师之塔，均在西安东南20千米的兴教寺内。朱子桥往谒，见三塔均凋残剥落，行将倾圮，亦捐资将其修复。

朱子桥请来宝生和尚到大慈恩寺主持工役后，大慈恩寺原住持常真和尚天性谦恭，让出寺任，全力配合。宝生和尚一面整饬寺纲，使之"清规井井"；一面"放种施粮，开单结众"，添置寺产等。与此同时，重修寺院事宜也开始启动，"添筑献殿五楹、观堂一座，寮房、香积、方丈十余间，修补钟鼓二楼以及墙垣数十堵"。此外，还对七级佛塔进行了"基正"。整个工程的材料、工资开支高达 2 万余元，全数由朱子桥等诸大德慷慨捐助，未动用民生分毫之资。

工程完成后，贡生刘宗汉撰《朱子桥重修大慈恩寺功德碑》和《重修大慈恩寺纪念碑》以记其事。1931 年，朱子桥又与李福田、路乐父、俞嗣如、唐慕汾、康寄遥等于大慈恩寺共同发起创设慈恩学院，成立董事会，筹集藏经，延请名师，以期恢张法相唯识学说。

20 世纪 30 年代之后，因疏于修缮、兵祸影响，大慈恩寺殿堂残破，寺院荒芜。20 世纪 40 年代后期，国民党政府在寺内驻扎军队，并在四周挖掘战壕，破坏了寺院及周边的环境。

第三章 鸿雁西来

第一节 千秋盛誉赞玄奘

玄奘（600？—664），俗姓陈，本名祎（yī），洛州缑氏（今河南偃师缑氏镇）人，唐代著名高僧，法相宗创始人，法名玄奘，被尊称为"三藏[①]法师"。

玄奘是东汉名臣陈寔的后代，其先祖为陈留人；曾祖父陈钦，曾任北魏上党太守；祖父陈康，以学优而出仕北齐，任国子博士，食邑在周南（今河南洛阳），子孙因此在洛阳缑氏定居。[②]玄奘在兄弟四人中年龄最小。5岁时，母亲去世。8岁时，玄奘便跟随父亲陈惠[③]学习《孝经》等儒家典籍，"备通经典，而爱古尚贤"，养成了良好的品德。

父亲去世后，玄奘与出家的次兄陈素（长捷法师）住洛阳净土寺，11岁即熟读《维摩诘经》《法华经》。13岁时，隋炀帝下诏要在洛阳招考剃度27人为僧，玄奘蒙大理卿郑善果破格录取，引度为僧，立下了"远绍如来，近光遗

[①] "三藏"是对佛教经典的总称，包括经、律、论。
[②] [唐] 慧立，[唐] 彦悰. 大慈恩寺三藏法师传 [M]. 孙毓棠，谢方，点校. 北京：中华书局，2000：4.
[③] 陈惠曾任江陵县令，隋末辞官隐居乡间，托病不出。

法"①的誓言。玄奘出家后，勤奋好学，访名师大德求教学法。最初，玄奘在净土寺从景法师学《涅槃经》，又从严法师学《摄大乘论》，从此"爱好愈剧。一闻将尽，再览之后，无复所遗"，"美闻芳声"。②

隋朝末年，洛阳战乱不断，玄奘与其兄长捷法师商量道："此（洛阳）虽父母之邑，而丧乱若兹，岂可守而死也！今闻唐主驱晋阳之众，已据有长安，天下依归如适父母，愿与兄投也。"③二人遂离开洛阳，到了长安，欲向高僧大德学习佛法。但兵革未息，战乱未宁，长安的高僧们纷纷前往蜀地避难。于是，玄奘在长安庄严寺④修学了一段时间后便前往蜀地，并在空慧寺⑤修学。23岁时，玄奘在成都受具足戒⑥。之后感到"益部经论研综既穷，更思入京询问殊旨。条式有碍，又为兄所留，不能遂意"⑦，于是打算游学各地。他踏遍了今河南、陕西、四川、湖南、湖北、河北等地，参访名师，讲经说法，研习大小乘经论及南北地论学派、摄论学派各家学说，造诣逐渐深厚，而且学会了梵文。贞观元年（627年）又到了长安，前往大觉寺⑧从道岳听受《俱舍论》⑨，并研讲《俱舍

---

① [唐] 慧立，[唐] 彦悰. 大慈恩寺三藏法师传 [M]. 孙毓棠，谢方，点校. 北京：中华书局，2000：5.

② [唐] 慧立，[唐] 彦悰. 大慈恩寺三藏法师传 [M]. 孙毓棠，谢方，点校. 北京：中华书局，2000：6.

③ [唐] 慧立，[唐] 彦悰. 大慈恩寺三藏法师传 [M]. 孙毓棠，谢方，点校. 北京：中华书局，2000：6.

④ 初名禅定寺，公元618年改名为庄严寺，清康熙年间改名木塔寺，在唐长安城永阳坊，今陕西西安雁塔区木塔寨村。

⑤ 又称龙渊寺，在今四川成都，相传始建于汉代。

⑥ 梵文 upasampanna 的意译，亦称"大戒"。因与沙弥、沙弥尼所受十戒相比，戒品具足，故名。出家人只有依戒法规定受持具足戒，才能取得正式僧尼的资格。关于具足戒戒条的数目，说法不一。

⑦ [唐] 慧立，[唐] 彦悰. 大慈恩寺三藏法师传 [M]. 孙毓棠，谢方，点校. 北京：中华书局，2000：10.

⑧ 据《两京新记》载，大觉寺在唐长安城崇贤坊十字街北之西。隋开皇三年（583年，《长安志》中作开皇二年），隋文帝为医人周子粲（《长安志》中作周子臻）所立。

⑨《阿毗达摩俱舍论》的简称，"阿毗达摩"义为"对法"，"俱舍"义为"藏"，"阿毗达摩俱舍论"释义为"对法藏论"。《俱舍论》为天竺世亲著，南朝时期天竺人真谛译，世称《旧俱舍》，22卷；唐玄奘译，世称《新俱舍》，30卷。

论》。同时向武德年间（618—626）来华的中天竺波罗颇迦罗蜜多罗询问佛法。

南北朝时，我国佛教界就开始了"一阐提众生有无佛性"的论争。到玄奘所处时代，北方流行已久的《涅槃经》《成实论》和《毗昙》，以及真谛在南方译传的《摄大乘论》《俱舍论》，构成了当时南北佛学的主流。但玄奘通过学习研悟，深切感受到一些论说相互矛盾，"翻译者多有讹谬"①，致使义理混淆不清，众人理解不一，

《俱舍论》书影

注疏相异，在诸多重要的理论问题上分歧很大，难以融合并形成共论，特别是当时摄论宗、地论宗两家关于法相之说各异，遂产生了去天竺求法于弥勒论师之意。武德九年（626年），又逢天竺僧波颇②抵长安，在大兴善寺译经传法，玄奘得闻天竺戒贤于那烂陀寺讲授《瑜伽论》总摄三乘之说，于是发愿西行求法，直探原典，重新翻译，以求统一中国佛学思想的分歧，"法师既遍谒众师，备飡其说，详考其义，各擅宗途，验之圣典，亦隐显有异，莫知适从，乃誓游西方以问所惑"③。

贞观三年（629年），玄奘经凉州出玉门关，西行5万里赴天竺，在那烂陀寺从戒贤受学。后又游学于天竺各地，前后历经17年，遍学当时大小乘各种学说，并与一些佛教学者展开辩论，名震五天竺④。公元645年，玄奘回到大唐国都长安，后长期从事翻译佛经的工作。玄奘及其弟子翻译出佛典75部，共1335卷。玄奘还将他西行亲历的110个国家及听闻的28个国家的山川、地邑、物产、习俗编写成《大唐西域记》12卷。

高宗麟德元年（664年）二月初五夜半，玄奘于翻译佛经时猝然圆寂于玉华

---

① [后晋]刘昫. 旧唐书[M]. 北京：中华书局，1975：5108.

② 全名波罗颇迦罗蜜多罗，简称"波颇蜜多罗"，唐时来华的天竺僧人、译经家。

③ [唐]慧立，[唐]彦悰. 大慈恩寺三藏法师传[M]. 孙毓棠，谢方，点校. 北京：中华书局，2000：10.

④ 指古印度。古印度分为东天竺、南天竺、西天竺、北天竺、中天竺五大部分。

寺。唐高宗李治闻讯悲痛万分，称"朕失国宝矣"，下旨将玄奘所译佛典抄制9份，分送全国9个州，并将未翻译的佛经交大慈恩寺永久保存。玄奘灵柩被运回长安，安置在大慈恩寺翻经堂，弟子数百人哀号恸哭，京城僧俗奔赴吊唁者每日数千。据《旧唐书》载，在举行玄奘法师的葬礼时，长安"士女送葬者数万人"。据传，玄奘最初被安葬在长安东郊浐河东岸的白鹿原上，唐总章二年（669年），唐高宗因其离京太近，易触目伤心，命将其改葬兴教寺，修建了5层灵塔。次年，因塔建寺，以为纪念。寺内有3座砖砌的灵塔，中间最高的五层塔，即玄奘的葬骨塔。后其弟子窥基法师和圆测法师也归灵于此，陪伴在玄奘灵塔左右。唐肃宗还为舍利塔亲题塔额"兴教"二字。唐文宗大和二年（828年），朝廷鉴于寺塔损毁严重，曾重修塔身。至于玄奘灵骨，后不知去向，1943年发现于南京市中华门外三藏殿石函中。截至2019年年底，玄奘顶骨舍利保存在南京玄奘寺、南京灵谷寺、成都文殊院、西安大慈恩寺、台北玄奘寺、新竹玄奘大学、日本东京埼玉县慈恩寺、日本奈良药师寺玄奘三藏院、印度那烂陀寺等9个地方，供后人瞻仰。

唐代僧人慧立、彦悰著有《大慈恩寺三藏法师传》，其中有关于玄奘生平事迹的系统记述。《全唐文》存录其文37篇。《旧唐书》卷191有《玄奘传》。另外，释道宣所著《续高僧传》中亦有玄奘传记。

唐太宗称玄奘为"法门之领袖"，"只千古而无对"。玄奘由于历尽艰难险阻，成就卓著，因此一直被人们视为不怕困难、勇于进取的典范。千百年来，民间将其故事编成许多文学作品，如宋代的说经话本《大唐三藏取经诗话》，元朝吴昌龄的杂剧《唐三藏西天取经》，明朝吴承恩的小说《西游记》，等等。特别是《西游记》妇孺皆知，广为流传，表达了人们对玄奘法师的敬仰和怀念。

第二节　负笈关山百万重

玄奘曾言："昔法显、智严亦一时之士，皆能求法导利群生，岂使高迹无追，清风绝后？大丈夫会当继之！"①唐贞观元年（627年），玄奘结侣陈表等人，向

---

①［唐］慧立，［唐］彦悰. 大慈恩寺三藏法师传［M］. 孙毓棠，谢方，点校. 北京：中华书局，2000：10.

朝廷联名上书请求西行求法，但未能获得唐太宗批准。于是，其他人都打消了西行的念头。然而，玄奘的决心十分坚定，从未改变，他静待时机，以期"冒越宪章，私往天竺"，实现自己的夙愿。贞观三年（629年），北方连续遭遇灾荒，长安也未能幸免，朝廷允许百姓僧俗"随丰就食"，也即到有粮食的地区去找饭吃。玄奘觉得机会来了，可以西去求学了，但因没有得到朝廷的支持，只能"随商人往游西域"[①]。

玄奘从长安出发，经过秦州（今甘肃省天水市）、兰州（今甘肃省兰州市），到达凉州（今甘肃省武威市）。凉州是古丝绸之路的要冲、河西一代的大都会，也是军事要地。玄奘在那里少住几天后，继续西行。当时由于受到突厥的威胁，朝廷严禁百姓私自出国，凉州都督李大亮严格执行边境管理制度，派人将玄奘追回。既然走不了，玄奘就在凉州为僧俗讲解佛法，一时影响很大。听众中有当时的河西佛教领袖慧威法师，他有感于玄奘的决心和宏愿，遂密派两位弟子趁夜偷偷送玄奘出关，到达今甘肃瓜州县东。当时凉州都督的飞骑也赶到了，让瓜州刺史李昌拦截玄奘。但李昌是"崇信之士"，他带着公文到达玄奘的住处，当面"毁却文书"，并向玄奘详细介绍了西出玉门关的情况，又资助给他一匹白马。一个月后，玄奘骑着白马，独自踏上西行之路。

玄奘过玉门关五烽，度莫贺延沙碛，到达今新疆维吾尔自治区的哈密、吐鲁番、焉耆、库车、阿克苏等地，又经今塔什干等地到达北天竺，且行且学，历时4年，到达中天竺摩揭陀国的佛教圣地——那烂陀寺。摩揭陀国位于今印度比哈尔邦的巴特那和加雅一带，是中天竺的大国，其都城王舍城是释迦牟尼进行宗教活动的中心地区之一，佛教史上的第一次结集就在该城举行。那烂陀寺是当时天竺最大的寺院和大乘佛教的最高学府，规模宏大，"德重当时，声驰异域者，数百余也"，可谓人才荟萃，学者辈出。著名的大乘论师，如护法、护月、德慧、坚慧、光友、胜友、智月、戒贤等都曾在此讲学或授业。[②]玄奘在此5年，主攻瑜伽行派诸部论著，遍学天竺唯识学，旁及中观、有部，兼学因明、

[①] ［后晋］刘昫. 旧唐书［M］. 北京：中华书局，1975：5108.
[②] 钱文忠在其《玄奘西游记》中认为，那烂陀寺有两个方面特别重要：一是藏经丰富；二是大师云集，高僧辈出。钱文忠. 玄奘西游记［M］. 上海：上海书店出版社，2007：198-199.

声明，还花很多时间学习了梵文以及天竺的医学、术数、天文、地理等科学技术知识。他的博学多识在当地赢得了很高声誉，被推崇为精通三藏的十德之一。

玄奘后来又到南天竺、东天竺、西天竺参学4年，遍访高僧居士，广览佛教圣迹，寻访了整个印度次大陆20多个国家。回到那烂陀寺后，为寺院僧众讲《唯识抉择论》《摄大乘论》，著《会宗论》3000颂，融通大乘佛教瑜伽学派与中观学派的理论。贞观十五年（641年），又应戒日王之请，著《制恶见论》1600颂，驳斥南天竺小乘说。在曲女城①召开的佛学辩论大会，有五天竺18个国王、3000个大小乘佛教学者和外道2000人参加，玄奘讲论，任人问难，无一人能予诘难。玄奘由此名震五天竺，并被大乘教尊为"大乘天"，被小乘教尊为"解脱天"。

辩论大会后，玄奘谢绝了戒日王的再三挽留，启程回国。他溯恒河西北行，渡印度河上游，经今阿富汗喀布尔河流域进入吐火罗国，再穿过瓦罕走廊达摩悉铁帝国，东行至波谜罗川（即瓦罕河谷），越过葱岭，到达于阗，应于阗王之请停留了七八个月，日夜为于阗国佛教徒讲《瑜伽论》《阿毗达磨杂集论》《俱舍论》《摄大乘论》等4部佛教唯识学论著。

玄奘在东归长安的路途中，先上表唐太宗，陈述了自己舍身西行的缘由和

玄奘负笈图

---

① 今印度北方邦卡瑙杰县。

九死一生的经历，得到了唐太宗的谅解和认可。于是，唐太宗命留守长安的尚书左仆射、梁国公房玄龄派人举办隆重的仪式，迎接玄奘归来。贞观十九年（645年）正月，长安城内自朱雀街至弘福寺数十里间，寺房装新，街市庄严，幡盖竞艳，经像队伍徐进之处，观瞻众人涌动道旁，珠佩动音，金花散彩，梵音赞歌，响彻天空，景象空前。玄奘受到文武官员和僧尼、百姓的夹道欢迎。玄奘回长安时，携带了657部梵文佛经、150粒佛舍利、7尊金银佛像，还有许多果菜种子等。"太宗见之，大悦，与之谈论。"①

此后，玄奘开始了长达19年的译经生涯，自著5种，现存《大唐西域记》《八识规矩颂》两种。他奠定了中国佛教唯识学说的基础，成为唐代法相宗的创始人。他曾应东天竺童子王之请，将《老子》和在中国流传的《大乘起信论》译成梵文，传到天竺，为中印文化交流做出了巨大贡献。他还培养了众多弟子，最著名的有神昉、嘉尚、普光、窥基等。其中，窥基曾协助玄奘糅合天竺唯识十大论师之说而成《成唯识论》等，并撰《成唯识论述记》，倡导"万法唯识""心外无法"之说，成为中国佛教法相宗的创始人之一。

第三节 《大唐西域记》

《大唐西域记》简称《西域记》，或称《西域志》《西域传》《西域行传》《玄奘行传》《玄奘别传》，成书于唐太宗贞观二十年（646年），是一部关于我国西北边疆地区和中亚、南亚的重要地理文献。

玄奘在东归长安途中，曾在于阗遣人上表唐太宗李世民，陈述自己"见不见迹，闻未闻经，穷宇宙之灵奇，尽阴阳之化育"的经历，引起了唐太宗极大的兴趣。后来在洛阳召见玄奘时，唐太宗说："佛国邈远，灵迹法教，前史不能委详，师既亲睹，宜修一传，以示未闻。"②要求玄奘将西行见闻撰写成书，可见唐太宗对玄奘西行见闻、传扬佛法的重视。玄奘遵命，即由自己口述，辩机

---

① ［后晋］刘昫. 旧唐书［M］. 北京：中华书局，1975：5108.
② ［唐］慧立，［唐］彦悰. 大慈恩寺三藏法师传［M］. 孙毓棠，谢方，点校. 北京：中华书局，2000：129.

笔录整理，用一年多的时间完成了《大唐西域记》。

玄奘在《大唐西域记》末卷概述了他写这部书的意图："推表山川，考采境壤，详国俗之刚柔，系水土之风气……随所游至，略书梗概，举其闻见，记诸慕化，斯固日入已来，咸沐惠泽；风行所及，皆仰至德；混同天下，一之宇内，岂徒单车出使，通驿万里者哉！"①在《进西域记表》中又说："班超侯而未远，张骞望而非博。今所记述，有异前闻，虽未极大千之疆，颇穷葱外之境，皆存实录，匪敢雕华。"②

《大唐西域记》共12卷，按玄奘西行的顺序对他亲历的110国与由传闻得知的28国等，以方志的形式，分别记述了其历史沿革、地望里程、疆域面积、都城大小、山川形势、气候物产、商业货币、风土习俗、语言文化、宗教信仰、政治制度等，还详细地记述了一些佛教胜迹与典故传说。序文3篇，书末附记赞一篇。正文部分卷一记述了阿耆尼国、屈支国等34国，卷二记述了滥波国、那揭罗曷国、健驮逻国3国，卷三记述了乌仗那国、迦湿弥罗国等8国，卷四记述了磔迦国、秣菟罗国等15国，卷五记述了羯若鞠阇国、憍赏弥国等6国，卷六记述了室罗伐悉底国、拘尸那揭罗国等4国，卷七记述了婆罗痆斯国、尼波罗国等5国，卷八、卷九记述了摩揭陀国——那烂陀寺所在地，卷十记述了伊烂拏钵伐多国、乌荼国等17国，卷十一记述了僧伽罗国、信度国等23国，卷十二记述了漕矩吒国、活国等22国。其中对摩揭陀国记述得最详细，占两卷的

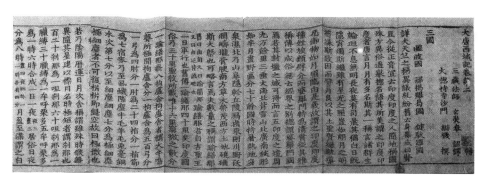

《大唐西域记》书影（日本京都大学人文科学研究所藏）

---

①季羡林，等. 大唐西域记校注［M］. 北京：中华书局，1985：1035.
②季羡林，等. 大唐西域记校注［M］. 北京：中华书局，1985：1054.

篇幅。该书卷十二中关于波谜罗川及其为葱岭最高点的内容，是中外历史上首次关于帕米尔的记载。

《大唐西域记》语言典雅生动，内容丰富翔实，书中所记之事大多数未载于《新唐书》《旧唐书》。它也是研究今印度、尼泊尔、巴基斯坦、孟加拉国、斯里兰卡及中亚等地古代历史地理的重要参考资料。由于古代印度不大重视历史记述，因而《大唐西域记》的相关记载就成为研究7世纪以前印度历史的重要资料。学者依据此书，解决了关于印度当时的政治经济情况、宗教力量对比和宗派分布以及佛教的几次结集等众多历史疑难问题。考古学家也曾根据《大唐西域记》中的线索，对印度的佛教圣地王舍城旧址、鹿野苑的古刹、阿旃陀石窟、那烂陀寺遗址等进行了探察和发掘，取得了重要的考古发现。印度史学家辛哈和班纳吉指出，"中国的旅行家如法显、玄奘给我们留下了有关印度的宝贵记载。不利用中国的历史资料，要编一部完整的佛教史是不可能的"。印度史学家阿里也曾说过："如果没有法显、玄奘和马欢的著作，重建印度史是完全不可能的。"[①]玄奘"乘危远迈，杖策孤征"[②]，历经九死一生实现了自己的夙愿，并著成《大唐西域记》一书，书中的记载是"玄奘用脚步量出的里程，竟准确到一里不差，使斯坦因感佩到五体投地的地步"[③]。郑振铎认为："玄奘的《大唐西域记》是一部不朽的有关中国、西域及印度的文化乃至史地的名著。……她成了研究中世纪的西域和印度的历史、地理和文学的宝库。愈到近来，她的价值愈高，她的地位愈显得重要。"[④]

19世纪以来，《大唐西域记》先后被译成英、法、德、日等多种文字，在国外广泛传播，成为研究中亚史、印度史、佛教史、中印交通史和文化交流史，以及我国西北地区历史地理的珍贵文献。季羡林在《大唐西域记校注》的前言中写道："《大唐西域记》帮助我们解决了许多历史上的疑难问题。比如关于印度当时的政治、经济情况，关于重大的历史事件，关于宗教力量的对比，关于佛教的几次结集，关于大小乘力量的对比，关于小乘部派的分布情况，等等。离

---

① 季羡林，等.大唐西域记校注［M］.北京：中华书局，1985：137.
② 蔡铁鹰.西游记资料汇编［G］.北京：中华书局，2010：15.
③ 王世平.《大唐西域记》价值的再认识［J］.文博，1991（1）.
④ 郑振铎.关于《大唐西域记》［J］.国立暨南大学图书馆馆报，1937（2）.

开了《大唐西域记》，这些问题几乎都是无法解答的。"①他在《佛教十五题》中更是说："《大唐西域记》是一部稀世奇书，其他外国人的著作是很难同这一部书相比的。"②英籍匈牙利探险家斯坦因（A. Stein）、英国考古学家坎宁安（A. Cunningham）、法国汉学家伯希和（P. Pelliot）、德国地理学家李希霍芬（Ferdinand von Richthofen）等，在对东方进行实地考察时都曾参考《大唐西域记》。

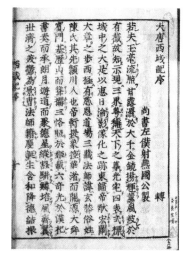

《大唐西域记》书影
（日本早稻田大学藏）

《大唐西域记》流传甚广，唐时即有抄本流传，在敦煌莫高窟就曾发现过唐代写本的残卷，现为传世最早的本子。此外还有《四部丛刊》影印南宋吉州资福寺刻梵夹本、1955年文学古籍刊行社影印明末经山藏本等。对其进行考校的有：清人丁谦《大唐西域记考证》，1977年上海人民出版社出版的由章巽校点的《大唐西域记》，1981年中华书局影印的向达辑《大唐西域记古本三种》，1984年中央民族学院刊印的姚世珍《大唐西域记注释》，1985年中华书局出版的季羡林等的《大唐西域记校注》，等等。其国外译本主要有：1857年儒莲（S. Julien）的法译本，1884年比尔（S. Beal）的英译本，1904年瓦特斯（Watters）的英译本，1911年日本京都帝国大学校本，1912年日本崛谦德的译注本，1936年日本小野玄妙的译本，1972年日本水谷真成的译注本，等等。

第四节　大雁塔的修建

玄奘西行归来后不久，被太子李治请为大慈恩寺上座，在寺内主持佛经翻译并讲经说法。

---

① 季羡林，等. 大唐西域记校注［M］. 北京：中华书局，1985：128.
② 季羡林. 佛教十五题［M］. 北京：中华书局，2007：202.

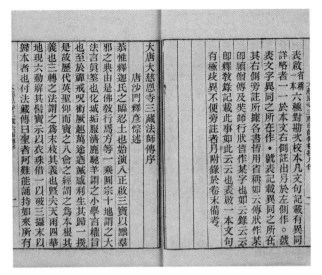

《大慈恩寺三藏法师传》书影

据《大慈恩寺三藏法师传》记载，贞观二十二年（648年）十二月，唐太宗命江夏王李道宗设九部乐，以隆重的仪式迎接玄奘入住大慈恩寺，盛况空前："万年令宋行质、长安令裴方彦各率县内音声，及诸寺幢帐，并使务极庄严。己巳，旦集安福门街，迎像送僧入大慈恩寺。至是陈列于通衢，其锦彩轩槛，鱼龙幢戏，凡一千五百余乘，帐盖三百余事。先是内出绣画等像二百余躯，金银像两躯，金缕绫罗幡五百口，宿于弘福寺，并法师西国所将经、像、舍利等，爰自弘福引出，安置于帐座及诸车上，处中而进。又于像前两边各丽大车，车上竖长竿悬幡，幡后布师（狮）子神王等为前引仪。又庄宝车五十乘坐诸大德，次京城僧众执持香华，呗赞随后，次文武百官各将侍卫部列陪从，太常九部乐挟两边，二县音声继其后，而幢幡钟鼓訇磕缤纷，眩日浮空，震耀都邑，望之极目不知其前后。皇太子遣率尉迟绍宗、副率王文训领东宫兵千余人充手力，敕遣御史大夫李乾祐为大使，与武侯相知检校。帝将皇太子、后宫等于安福门楼执香炉目而送之，甚悦。衢路观者数亿万人。经像至寺门，敕赵公、英公、中书褚令执香炉引入，安置殿内，奏九部乐、《破阵舞》及诸戏于庭，讫而还。"①

唐高宗永徽三年（652年），为保存西求的佛经、佛像和舍利，玄奘请旨在

---

① ［唐］慧立，［唐］彦悰. 大慈恩寺三藏法师传［M］. 孙毓棠，谢方，点校. 北京：中华书局，2000.

大慈恩寺西院修建一座石塔,"其意恐人代不常,经本散失,兼防火难。浮图量高三十丈,拟显大国之崇基,为释迦之故迹"①,并表明建塔的目的:一是为保存佛教经卷;二是作为佛祖释迦牟尼的故迹供人瞻仰;三是彰显大唐的国威。朝廷虽然应允,但是对他的修建计划做了修改,认为建塔"宜用砖造","仍改就西院",建造经费以"大内东宫、掖庭等七宫亡人衣物助师,足得成办"。此塔由玄奘亲自设计,其形制"仿西域制度,不循此旧式也",即仿印度塔之形式,不同于当时中国塔的通行样式。该塔"基面各一百四十尺",塔的表面砌砖,中心是土,不可攀登,共5层,每层皆存舍利,高180尺(约合54米),成为闻名京师乃至全国的名胜。

"塔"来自梵语"窣堵波",中国古代又译作"率都婆""浮屠""浮图""佛图""塔婆"等。玄奘在建塔之时并未给塔命名,因此,最初塔因寺名而被称为"慈恩寺浮图"或"慈恩寺塔"。关于雁塔,据《大慈恩寺三藏法师传》卷三记载:摩揭陀国有一僧寺,一日有群雁飞过,忽一雁离群落羽,摔死在地。僧人惊异,认为雁即菩萨,众议埋雁建塔以作纪念,故名雁塔。因此,人们就把慈恩寺塔称为雁塔了。宋代张礼《游城南记》转引《天竺记》的记载:"达嚫国有迦叶佛伽蓝,穿石山作塔五层,最下一层作雁形,谓之雁塔,盖此意也。"《陕西通志》载:"唐慈恩寺有巨雁于庭,僧捕得将蒸食之。一老僧曰:此雁王也。因瘗之,造塔于上,名雁塔。"②清康熙年间,陈大经等所纂《咸宁县志·星舆·景致》载:"塔乃慈恩西浮图院也。沙门玄奘初起五层,永徽中天后与王公舍钱重加营造,至七层,凡进士宴毕题名塔上,有行次之列。韦、杜、裴、柳四家兄弟同登者,亦有雁行之列,故名雁塔。"

可知,其后史料记载类似。后来长安荐福寺内修建了一座较小的雁塔,因此慈恩寺塔被称为大雁塔,荐福寺塔被称为小雁塔,此称呼一直流传至今。

玄奘主持修建的这座塔是砖土结构,因此经过多年的岁月磨砺和风雨剥蚀,逐渐颓毁。武周长安年间(701—704),武则天和王公贵族曾施钱对大雁塔予以重修,一改印度佛塔的形制,在仿中国木构建筑的基础上,纯用青砖改修成方

---

① [唐]慧立,[唐]彦悰. 大慈恩寺三藏法师传[M]. 孙毓棠,谢方,点校. 北京:中华书局,2000:160.

② 见《陕西通志》卷九十九《拾遗》二引《志林》所载。

形楼阁式七层塔，登塔攀梯也改成盘道。《长安志》言："后浮图心内卉木钻出，渐以颓毁。长安中更拆改造，依东夏刹表旧式，特崇于前。"①后来又改建为10层，张礼《游城南记》中道："长安中摧倒，天后及王公施钱，重加营建至十层。"②大雁塔建于一高埠之上，远远望去高耸入云。唐玄宗天宝三年（744年），进士岑参与高适同登此塔，作诗《与高适薛据登慈恩寺浮图》。唐代宗大历六年（771年），进士章八元则在其《题慈恩寺塔》中说"十层突兀在虚空，四十门开面面风"，指出塔高10层，每层开4个门，所以共有40个门。塔自第一层以上，每层向内收分，形如方锥体，非常稳固。塔内设木梯楼板，可逐层攀登。登塔俯览长安城郊景色，极为壮观。古时举子及第之后，均来大雁塔登塔题名，故雁塔题名成了士子们渴慕、向往之事。在大雁塔题名的人中，最出名的当属白居易，他27岁时一举中第，在大雁塔上写下了"慈恩塔下题名处，十七人中最少年"的诗句，以表达他得志后的喜悦。后世文人皆以雁塔题名为荣，竞相效仿，相沿成习。千百年来，大雁塔上留下了无数文人的诗作题记，成为文化史上浓墨重彩的一笔。

史载，五代后唐长兴二年（931年），后唐王朝对大雁塔进行了改建，塔高恢复到7层。后来西安地区发生了几次大地震，大雁塔塔顶震落，塔身震裂。北宋张礼在《游城南记》中记载："永徽三年，沙门玄奘起塔。初惟五层，……长安中摧倒，……重加营建至十层。……塔自兵火之余，止存七层。"也称重修时有10层，后因战争破坏，只剩7层。

明万历三十二年（1604年），又对大雁塔进行了修葺。这次在保持唐代塔体基本造型的基础上，在塔身完整地砌上了60厘米厚的包层。塔内安装了阶梯，各层均可登临。

玄奘法师在大慈恩寺翻译佛经、弘扬佛法11年，并创立了佛教的法相宗，使大慈恩寺成为法相宗祖庭。

如今的大慈恩寺，是明代在原寺院西塔院的基础上修建而成的，现存的殿堂则多是清代建筑。寺院内中轴线上的主体建筑依次是大雄宝殿、法堂、大雁塔、玄奘三藏院。大雁塔内和玄奘三藏院分别供奉的佛舍利和玄奘法师的顶骨，是大慈恩寺的"镇寺之宝"。

---

① 见宋代宋敏求撰《长安志》卷八。

② 史念海，曹尔琴. 游城南记校注［M］. 西安：三秦出版社，2003：23.

第五节 雁塔曾将贝叶藏

据《大慈恩寺三藏法师传》记载，玄奘回国后，唐太宗曾劝请他还俗辅政，玄奘表示感激，但坚辞不受，他说："玄奘少践缁门，服膺佛道，玄宗是习，孔教未闻。今遣从俗，无异乘流之舟使弃水而就陆，不唯无功，亦徒令腐败也。愿得毕身行道，以报国恩，玄奘之幸甚。"其后，玄奘仅仅经过100天的筹备，就投入翻译佛典的工作中。唐太宗"敕右仆射房玄龄、太子左庶子许敬宗，广召硕学沙门五十余人，相助整比"①，又"令旨依所须供给，务使周备"②。在朝廷人力、物力的支持下，玄奘组织了一个阵容强大、科学合理的译场，全身心地在弘福寺、大慈恩寺、西明寺、玉华寺等处（见表3-1）翻译佛经。

表3-1　玄奘译经地点和译经时间统计表

译经地点	译经时间
弘福寺	645年到648年
大慈恩寺	649年到658年六月
西明寺	658年七月到659年冬
玉华寺	659年冬到664年二月

据《大慈恩寺三藏法师传》载，最初经各大寺院推荐协助玄奘译经的有12人，分别是：京师弘福寺沙门灵润、沙门文备，罗汉寺沙门慧贵，实际寺沙门明琰，宝昌寺沙门法祥，静法寺沙门普贤，法海寺沙门神昉，廓州法讲寺沙门道琛，汴州演觉寺沙门玄忠，蒲州普救寺沙门神泰，绵州振音寺沙门敬明，益州多宝寺沙门道因。又有缀文大德9人：京师普光寺沙门栖玄、弘福寺沙门明璿、会昌寺沙门辩机，终南山丰德寺沙门道宣，简州福聚寺沙门静迈（一作靖迈），蒲州普救寺沙门行友、栖岩寺沙门道卓，幽州昭仁寺沙门慧立，洛州天宫

---

① ［后晋］刘昫. 旧唐书［M］. 北京：中华书局，1975：5108-5109.
② ［唐］慧立，［唐］彦悰. 大慈恩寺三藏法师传［M］. 孙毓棠，谢方，点校. 北京：中华书局，2000：131.

寺沙门玄则。又有字学大德一人，即京师大总持寺沙门玄应。此外还有证梵语、梵文大德一人。

由于玄奘的梵、汉两种语言文字水平都达到了极高的造诣，再加上他深厚的佛学修养、严谨求实的治学精神，在他的带领下，译经不但能准确地把握原典的意义，而且自然流畅，浑然天成。玄奘译经的特点可概而言之：一是数量多，二是质量高，三是系统性强。根据《大慈恩寺三藏法师传》的记载，玄奘每天对当天需要完成的任务都有详细安排，做到了"计时分业"，"摄经已复礼佛行道，至三更暂眠，五更复起，读诵梵本"。①白天若不能完成，晚上也要补足。翻译时"文有疑错，即校三本以定之，殷勤省复，方乃著文，审慎之心，自古无比"。他还把《老子》和《大乘起信论》从汉语译成梵文，传入印度。他对古代中印的交流，特别是佛教文化的沟通，做出了卓越的贡献。

玄奘译经图

现在学者一般认为玄奘在译经中运用了 6 种翻译技巧：补充法（为了使读者理解，常常加几个字或一两句话）、省略法（在不重要的地方，删略少量原文）、变位法（改变梵文的文字次序）、分合法（翻译梵文复合词时或分或合）、译名假借法（为使含义清楚，有时用另一种译名来改译常用的专门术语）、代词还原法（把原文的代词译成它所代的名词）。②

他还总结出梵、汉两种语言的差异，提出"五不翻"的原则，具体为："一秘密故，如陀罗尼。二含多义故，如薄伽梵，具六义。三此无故，如阎浮树，中夏实无此木。四顺古故，如阿耨菩提，非不可翻，而摩腾以来，常存梵音。五

---

① ［唐］慧立，［唐］彦悰. 大慈恩寺三藏法师传 [M]. 孙毓棠，谢方，点校. 北京：中华书局，2000：158.

② 见张建木《论吸收古代的翻译经验》、柏乐天《伟大的翻译家玄奘》。

生善故,如般若尊重,智慧轻浅。而七迷之作,乃谓释迦牟尼,此名能仁。能仁之义,位卑周孔。阿耨菩提,名正遍知,此土老子之教,先有无上正真之道,无以为异。菩提萨埵名大,道心众生,其名下劣,皆掩而不翻。"①又改进了翻译方法,既不独取直译,也不独取意译,而是把两者融会贯通,"既须求真,又须喻俗"。

公元648年夏,玄奘将译好的《瑜伽师地论》呈给太宗,并请太宗作序。太宗花一个多月时间通览了这部长达百卷的佛教经典后,亲自撰写了700多字的《大唐三藏圣教序》,盛赞"玄奘法师者,法门之领袖也。……松风水月,未足比其清华;仙露明珠,讵能方其朗润",对其评价极高。

唐高宗龙朔三年(663年)十月,玄奘译完多达600卷的巨著《大般若经》后,自觉身力衰竭,直到第二年正月译出《咒五首经》,遂成绝笔,二月圆寂。19年间,玄奘共译出经论75部,成为我国佛教史上四大译经师之一。

对于玄奘的译经成就,道宣亦有评论,《续高僧传》卷四《玄奘传》载:"自前代以来,所译经教,初从梵语倒写本文,次乃回之,顺同此俗,然后笔人观理文句,中间增损,多坠全言。今所翻传,都由奘旨,意思独断,出语成章,词人随写,即可披玩。"由此可知,前人译经,译主与助译之间梵汉语言文字的隔阂,使得翻译的质量受到影响。玄奘通汉语,娴于梵语,对佛教各派的理论又有精深的研究,所以他主持翻译的经论,不仅译文准确流畅,而且最能表达原义,因此大家认为中国佛经的翻译从玄奘开始进入更高阶段,这个阶段翻译的经论称"新译",以前所译的经论称"旧译"。开创一代新译风的玄奘,在翻译史上被誉为伟大的翻译家是当之无愧的。

印度学者柏乐天曾说:"玄奘是有史以来翻译家中的第一人。他的业绩,将永远被全世界的人铭记着。我深感荣幸的是,这位伟大的翻译家曾经践履过我的乡土。这位伟大的中国人值得我们歌颂,值得赞扬。中印两国是兄弟之邦,玄奘的翻译,是中华民族最伟大的文化遗产之一。"

在长期随同玄奘译经的弟子和助手中,那些担任笔受一职的助译僧便成为第一代法相宗的法裔,比较突出的有"奘门四哲"(神昉、嘉尚、普光、窥基)和圆测、道证、胜庄、太贤等。这些弟子长期随侍玄奘左右,在大慈恩寺充当译经助手,在玄奘的指导下都有个人的法相宗著作。

---

①罗新璋. 翻译论集[M]. 北京:商务印书馆,1984:50.

第四章 慈云重荫

大慈恩寺始建于唐太宗贞观二十二年（648年），玄奘入住大慈恩寺是在唐高宗永徽二年（651年），获准往住铜川玉华寺是在唐高宗显庆四年（659年），则玄奘住大慈恩寺约有8年。玄奘的取经和译经活动，对于中土佛教的发展和中外文化交流有着不可磨灭的巨大贡献。唐太宗曾在给玄奘的诏书中称赞："慈云欲卷，舒之荫四空；惠日将昏，朗之照八极。舒朗之者，其唯法师乎！"

玄奘作为一位文化巨擘，其取经、译经事业如同在炎炎夏日给人们带来凉爽的云朵，如同在漫漫长夜给众生带来明亮的阳光，它在过去的历史中，到底帮助过多少人摆脱了烦恼，照亮过多少人的回家之路，已无法统计；但毫无疑问，玄奘在大慈恩寺从事的活动无疑是惠及众生的一大福祉，值得人们永远崇敬和缅怀。

第一节 慈恩祖庭

隋唐时期，汉传佛教逐渐形成了八大宗派，具体包括三论宗（又名法性宗）、法相宗（又名唯识宗）、天台宗（又名法华宗）、华严宗（又名贤首宗）、禅宗、净土宗（又名莲宗）、律宗、密宗（又名真言宗），也就是通常所说的性、相、台、贤、禅、净、律、密八宗。八宗有各自的祖庭。

中国佛教八宗，有一人为祖师的，也有多人并为祖师的。法相宗的创始人有两位，一位是家喻户晓的圣僧玄奘，一位是玄奘的弟子窥基。

玄奘西行取经回国后，在唐太宗的支持下，先在长安弘福寺设立翻经院（国立翻译院），组织译场，开始译经。此后，又在大慈恩寺、北阙弘法院、玉华寺等处译经。唐代冥祥《大唐故三藏玄奘法师行状》[①]云："有令造慈恩寺。于寺西北角。造翻经院。敕法师移就翻译。给弟子五十人。""又显庆年中。恩敕云。大慈恩寺僧玄奘。所翻经论既新。翻译文义须精。……有不隐〔稳〕便处。即随事润色。若须学士。任量追三两人。又法师请仰制大慈恩寺碑文。蒙恩敕许造。"数年后，因大慈恩寺在京，玄奘担心俗务太多，完不成译经夙愿，故奏请往居铜川玉华寺。《大唐故三藏玄奘法师行状》云："法师以为在京多务。恐难卒了。于是屡请居山。方蒙恩许。往玉花〔华〕宫寺翻译。仍敕供给。一准在京。"

玄奘门下，受教者颇多，以窥基、神昉、嘉尚、普光、神泰、玄应、玄范、辩机、彦悰、圆测等尤为著名。其中，神昉著有《唯识文义记》，玄应著有《唯识开发》，圆测作有《解深密经疏》《成唯识论疏》等。窥基门人有道证，著有

大慈恩寺匾额

———

①本书所引《大唐故三藏玄奘法师行状》中的内容均出自《全唐文补编》（中华书局 2005 年版），遵照原书，仅做断句，未使用标点。

玄奘法师坐像

窥基画像

《成唯识论要集》。新罗僧太贤从学于道证，作《成唯识论古迹记》，世称"海东瑜伽之祖"。窥基绍承玄奘之嫡统，住长安大慈恩寺，盛张教纲，著作丰富，集法相宗之大成，被尊为"慈恩法师"，名列玄奘之后，是为法相宗二祖。史载，窥基形貌魁伟，禀性聪慧，17岁奉敕出家，为玄奘弟子，入弘福寺，后移住大慈恩寺，从玄奘习梵文及佛教经论。有记载说，窥基刚开始时拒绝了玄奘之命而不断世俗欲望，行驾则三车相随，前车载经论，中车自乘，后车载家妓、女仆、食馔，故有"三车法师"之称。后入佛门，即尽遣三车，一心弘法。

玄奘译《成唯识论》时，曾与神昉、嘉尚、普光、窥基等共同检文、纂义。以议不合，玄奘乃遣出三人而独留窥基，遂参糅十大论师之释论而成一部，即《成唯识论》。后窥基游太行山、五台山，宣讲大法，又返回大慈恩寺传授玄奘之正义，著述甚多，时称"百本疏主"或"百本论师"；而以唯识论为宗，故又称"唯识法师"。窥基的佛学著作有《大乘法苑义林章》《瑜伽师地论略纂》《大乘百法明门论解》《因明入正理论疏》《摄大乘论钞》《胜宗十句义章》等。

宋赞宁《宋高僧传》曰："释窥基，字洪道，姓尉迟氏，……关辅语曰'三车和尚'。……入大慈恩寺，躬事奘师。……后得《弥勒上生经》，……造疏通畅厥理……"又云："先是，奘公亲授西域戒贤师《瑜伽师地》唯识宗，而基尽领其妙。""以永淳元年（682年）壬午示疾，至十一月十三日长往于慈恩寺翻经院，春秋五十一。"

综上可见，因玄奘住大慈恩寺8年，窥基为大慈恩寺高僧，且卒于大慈恩寺翻经院，故大慈恩寺确为法相宗祖庭。

第二节 法相宗简介

"宗"字含义甚多，基本上都有尊崇的意思。信仰之主义、主张之学说，可谓之"宗"。"宗"本谓宗旨、宗义，因此，一人所主张的学说、一个经典的理论体系，均可称为"宗"。按照汤用彤的说法，佛家的"宗"有两种意义。从晋代之所谓"六家七宗"，至南朝周颙之"三宗"，讲的都是宗教学说上的派别，这是"宗"的第一种意义。"宗"的第二种意义就是教派，是指有创始、有传授、有信徒、有教义、有教规的宗教集团。

两晋以来盛行的学派之"宗"和隋唐时期教派之"宗"既有相同之处，也有相异之处。主要的分别似可谓学派之"宗"是就义理而言的，教派之"宗"是就人众而言的，它们之间是历史的发展承续关系。隋唐时期教派兴起，因每派各有自己的理论和教义，故通称为"宗"，如法相宗、华严宗；又可称为"教"，如三阶教、天台教；各宗派都有自己的办法达到解脱，故又称"门"或"法门"，如禅门、净土门。"'禅宗'在最初之时，为楞伽师，此可说明教派之兴，系继经论讲习之后。"（汤用彤《论中国佛教无"十宗"》）。在汤用彤看来，隋唐之前的"宗"主要是宗教学说上的派别，相当于后世所谓的学派；而隋唐时期的"宗"，则不仅是学派，更重要的是教团。

一、法相宗

《佛学大辞典》"法相宗"条云："又作慈恩宗、瑜伽宗、应理圆实宗、普为乘教宗、唯识中道宗、唯识宗、有相宗、相宗、五性宗。广义而言，泛指俱舍宗、唯识宗等以分别判决诸法性相为教义要旨之宗派，然一般多指唯识宗，或以之为唯识宗之代称。为中国佛教十三宗之一，日本八宗之一。即以唐代玄奘为宗祖，依五位百法，判别有为、无为之诸法，主张一切唯识之旨之宗派。本宗总取《华严经》《解深密经》《如来出现功德经》《大乘阿毗达磨经》《入楞伽经》《厚严经》等六经及《瑜伽师地论》《显扬圣教论》《大乘庄严经论》《集量论》《摄大乘论》《十地经论》《分别瑜伽论》《观所缘缘论》《唯识二十论》《辩中边论》《大乘阿毗达磨杂集论》等十一论为所依,又特以《解深密经》及《成唯识论》为凭据,以成一宗之旨。"

《佛学大辞典》"慈恩宗"条云:"即法相宗。法相宗又称唯识宗、应理圆实宗、有相宗、相宗。在古印度,称瑜伽行宗。在中国,为唐朝慈恩三藏玄奘及其弟子窥基所创。此宗立五位百法,分判有为、无为等诸法,以鼓吹万法唯识之旨;以其为穷明万法性相之宗派,故此一大乘教派即称法相宗。又以玄奘、窥基皆住于慈恩寺,故称慈恩宗。习法相之学者,则称慈恩家。因主张以依他起、遍计所执、圆成实等三相解释宇宙万有,故又称三相宗。"

二、"法相唯识"之义

任继愈认为,佛教一开始就从分析物质和精神现象入手,建立它的宗教体系。分析到最后,认为一切象(相)都是虚妄的,都不是实有的。只是小乘(早期佛教)分析得不彻底,大乘(后期佛教)在小乘佛教的理论基础上做了更彻底、更琐碎的分析,构成了一套完整的唯心主义体系。由于它集中地分析了世界各种(心的和物的)现象,所以叫作法相学派;分析到最后,认为一切现象不过识所变现出来的。就它的前一特点(分析现象的特点)说,叫作法相学;就后一特点说,把世界的存在、变化归结为识的作用,叫作唯识学。前人中有人把这一派分别开来,称无着一派为法相学,世亲一派为唯识学。我们从它的体系上看,所谓法相学是唯识学的开始,但没有完成;所谓唯识学是法相学的继续,完成的只是法相学的体系。所以称为法相学,或法相唯识学。把这一套学说完整地从印度搬到中国,并建立宗派,加以传播,是从唐代玄奘开始的,窥基继续的。(任继愈《法相宗哲学思想略论》)

任继愈

三、法相宗的主要经典

法相宗的主要经典为六经、十一论。其中，六经是佛说，十一论则为菩萨说或造，菩萨包括弥勒、无著、世亲、陈那等。

1. 六经

所谓六经，是指《解深密经》《华严经》《密严经》《楞伽经》《如来出现功德经》《大乘阿毗达磨经》。因最后二经并未被译成汉文，故《佛学大辞典》中只提到前四经。

《解深密经》的"解"可作"了解""解脱"二义解。"了解"义是指解放非常深且微细的心意识，把心结解开。"解脱"义，不仅指了解，用在实际中是指对于法的解脱。《解深密经》有8章，分别是序品第一、胜义谛相品第二、心意识相品第三、一切法相品第四、无自性相品第五、分别瑜伽品第六、地波罗蜜多品第七、如来成所作事品第八。《解深密经》由玄奘法师翻译，是法相宗开宗立论的根本经典。通过研读《解深密经》，能够对法相宗"三界唯心，万法唯识"的基本理论有全面深刻的了解，甚至能够通过对法相唯识的理性解读获得佛性感悟。

《解深密经》书影

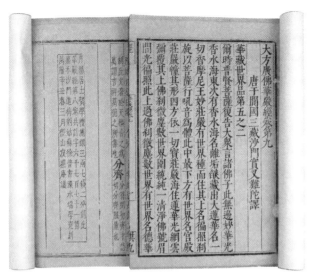

《华严经》书影

　　《华严经》，全称《大方广佛华严经》，乃大乘佛教的重要经典之一，是释迦牟尼佛成道后，于菩提树下为五比丘僧及文殊、普贤等大菩萨所宣说之内容。经中记载了佛陀之因行果德，并开显重重无尽、事事无碍之妙旨。此经有三种汉译本：一是东晋时期天竺僧人佛驮跋陀罗的译本，题名《大方广佛华严经》，60卷，称为"旧译《华严》"或《六十华严》；二是唐武周时于阗僧人实叉难陀的译本，题名《大方广佛华严经》，80卷，又称为"新译《华严》"或《八十华严》；三是唐贞元中般若的译本，也题名《大方广佛华严经》，40卷，全名是《大方广佛华严经入不思议解脱境界普贤行愿品》，简称《普贤行愿品》或《四十华严》。此经汉译本，以唐译八十卷本的文义最为畅达，品目也较完备，因而在汉地流传最盛。此经的内容，系由佛祖九会说法组成，故有九会三十九品之目。关于此经的宗趣，古来解释不同：齐昙衍说此经以无碍法界为宗，隋灵裕说此经以甚深法界心境为宗；有人说此经以缘起为宗，有人说此经以唯识为宗，有人说此经以因果为宗，隋慧远说此经以华严三昧为宗，隋达摩笈多说此经以观行为宗，北魏慧光说此经以因果理实为宗，还有人说此经以海印三昧为宗。唐贤首（法藏）依慧光之说加以充实，即以因果缘起、理实法界为此经的宗趣，这也成为后来贤首宗师对于此经的共同见解。此经的义理，为古今佛教学人所一致尊重。它不仅是法相宗的经典，也是华严宗的经典。

《密严经》,全称《大乘密严经》,又名《厚严经》。该经经旨在于阐明如来藏、阿赖耶识之义,并广说密严净土之相。全经分八品,首先叙述了佛在超越三界的密严国土升座说法,金刚藏菩萨请示第一义法性,佛以如来藏的不生不灭作答。其次,金刚藏菩萨对如实见菩萨、螺髻梵天王等解说如来藏、阿赖耶识等大乘法相。最后说明如来藏即阿赖耶识、即密严的理由。近世欧阳竟无《〈藏要〉经叙》云:

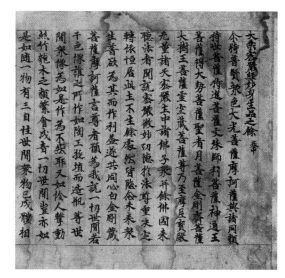

《大乘密严经》(局部)

  《大乘密严经》者,盖是总大法门之一,而二转依之要轨也。法门无量,区别于境行果三。果之为《大涅槃经》,行之为《大般若经》《佛华严经》,而境之为《大乘密严经》。故曰《密严经》者,总大法门之一也。迷悟依于真如,而密严刹土即涅槃定窟;染净依于藏识,而赖耶生身即菩提慧命。故曰《密严经》者,二转依之要轨也。

  文为八品,无所谓序分流通,一字一义,莫不详诠刹土生身而已。初一诠密严刹土,次六诠赖耶生身。赖耶生身是慧境界,是净生;依止赖耶生身是心境界,是染生。心慧净染皆自所作。生既自作,所生之观行应审也;劝净生身,赖耶之体性应详也;戒染生身,我执之为害应去也。后诠生身即刹土,赖耶所以即密严也,此一经之大较也,应细读之。①

《楞伽经》,全称《楞伽阿跋多罗宝经》,亦称《入楞伽经》《大乘入楞伽经》。该经有三种译本:一是刘宋时中天竺沙门求那跋陀罗所译之《楞伽阿跋多罗宝

---

① 见《欧阳竟无内外学》(商务印书馆 2015 年版)。

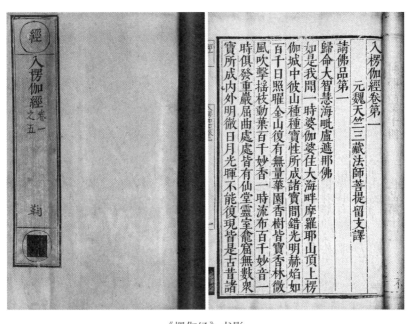

《楞伽经》书影

经》，4卷，亦称《四卷楞伽经》，这是最早的译本；二是北魏时北天竺沙门菩提流支所译之《入楞伽经》，10卷；三是唐代于阗三藏法师实叉难陀所译之《大乘入楞伽经》，7卷。该经是达摩祖师亲传于二祖慧可大师的，初祖说："吾有《楞伽经》四卷，亦用付汝，即是如来心地要门，令诸众生开示悟入。"又道："吾观汉地，唯有此经，仁者依行，自得度世。"因为《四卷楞伽经》是达摩祖师所传，用以印心的，所以后世虽见有另外两种译本，但大都只是用来参考；一般谈到《楞伽经》，多指的是刘宋时译的《四卷楞伽经》。

《楞伽经》是禅宗初祖达摩传灯印心的无上宝典，因此是历来禅者修习如来禅、明心见性最主要的依据之一。除此之外，佛于该经中详示五法（名、相、妄想、正智、如如）、三自性、八识、二种无我（人无我及法无我）。这些法门，也都是法相唯识学主要研习的对象，尤其是三自性以及八识中的体、相、用，更是法相唯识学的本色当行；甚至五法及二种无我亦是法相宗参究的主要内容之一。因此，历来习法相唯识学的人都把《楞伽经》列为与《解深密经》一样的必读根本经典之一。《楞伽经》是一部性相圆融、各宗共尊的圣典，不论在性宗还是相宗的根本经典中都被列于首要之位，极其重要。

2. 十一论

所谓十一论,包括《瑜伽师地论》(弥勒菩萨说),《显扬圣教论》《大乘庄严经论》《大乘阿毗达磨杂集论》《摄大乘论》(以上为无著菩萨造),《辩中边论》(弥勒菩萨说本颂,世亲菩萨造释论),《分别瑜伽论》(弥勒菩萨说本颂,世亲菩萨造释论,此论未传译),《唯识二十论》(世亲菩萨造),《十地经论》(世亲菩萨造,系解释《华严经》"十地品"者),《集量论》(陈那菩萨造,义净译,系因明学之论典,提出了现、比二量及识之三分之说。此论已亡佚),《观所缘缘论》(陈那菩萨造)。

《瑜伽师地论》,又称《瑜伽论》《十七地论》,为大乘佛教瑜伽行唯识学派及中国法相宗的根本论书,亦是玄奘西行所取的重要经典。"瑜伽师地",意即瑜伽师修行所要经历的境界(十七地)。此经相传为弥勒菩萨口述,无著记录。汉传佛教以此经为弥勒所造"慈氏五论"之一,藏传佛教传统上认定此论的作者为无著。

"瑜伽"是"禅定"或"止观"的代名词。所谓瑜伽行,就是修行种种禅定

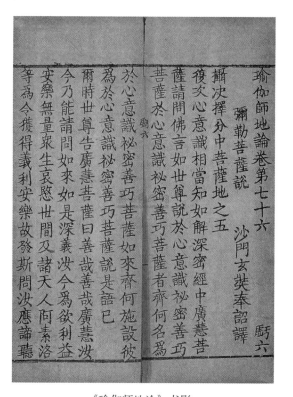

《瑜伽师地论》书影

观行，其中最常用者，为小乘部派所修之数息观与不净观。至于瑜伽师者，亦即自作修行乃至讲述传授瑜伽诸法之师。修习种种观行的佛教僧侣，被尊称为瑜伽师或观行师。这些瑜伽行者，即是瑜伽行唯识学派的先驱。

《瑜伽师地论》100卷，唐玄奘译。全书的中心内容是论释眼、耳、鼻、舌、身、意六识的性质，主张客观对象是人们的根本心识之阿赖耶识所假现的现象，详述了禅观渐次发展过程中的精神境界，以及修行瑜伽禅观的各种果位；以分析名相有无开始，最后加以排斥，从而使人悟入中道。全书分为五分。①本地分（1~50卷），将瑜伽禅观境界或阶段分为十七地，即五识身相应地、意地、有寻有伺地、无寻唯伺地、无寻无伺地、三摩呬多地、非三摩呬多地、有心地、无心地、闻所成地、思所成地、修所成地、声闻地、独觉地、菩萨地、有余依地、无余依地。②摄决择分（51~80卷），论述了十七地的深义。③摄释分（81~82卷），释十七地有关诸经，特别是《阿含经》的说法和仪则；初明说法应知的五分，次明解经的六义。④摄异门分（83~84卷），释十七地有关诸经，特别是《阿含经》所有诸法的名义差别。⑤摄事分（85~100卷），释十七地有关三藏，特别是《杂阿含经》等之众多要义；初明契经事，次明调伏事，后明本母事。五分中以本地分为重点，后四分主要是解释其中的义理。

关于五分的内容及其之间的关系，欧阳竟无在《〈瑜伽师地论〉叙》中说：

> 云何《瑜伽》五分耶？三乘根本，有十七地以为宗要，摄文义尽，曰本地分；释地中不尽要义，曰抉择分；释地中诸经说解仪则，曰释分；释地中诸经名义别异，曰异门分；释地中三藏众要事义，曰事分。初一是论，故称地论。后四为释，释不名地，摄故名分，曰《瑜伽》五分。①

《成唯识论》虽不在法相宗十一论之内，但由于它是玄奘法师择取杂糅天竺亲胜、火辨、难陀、德慧、安慧、净月、护法、胜友、胜子、智月等十大论师分别对《唯识三十颂》所作的注释而成，所以也是法相宗的重要论著。传说玄奘留天竺时，曾广收十家注释（每家各10卷），并独得玄鉴居士珍藏的护法注释的传本。回国后，原拟将十家注释全文分别译出，后采纳窥基的建议，改以

---

① 见《欧阳竟无内外学》（商务印书馆2015年版）。

护法注本为主,糅译十家学说,由窥基笔受,集成一部。

《成唯识论》,又名《净唯识论》,简称《唯识论》,10卷,论证了三界的本源是阿赖耶识,都是"唯识所变","万法唯识,识外无境"。全论按相、性、位分为三大部分。①明唯识相,先释破异教和小乘的实我实法之执,次释能变识相和所变识相,最后释三性、三无性等相,以明一切唯识。②明唯识性,阐明具胜义谛的真如,指出诸法实相由远离遍计所执的实我实法所显。于一切位常如其性,名为真如,亦即"唯识"的实性。③明唯识位,为辨有能力悟入唯识相、唯识性的人,在悟入过程中经历的阶段及渐次悟入的方便,依践行所证,次第分为资粮、加行、通达、修习和究竟五位等。

玄奘、窥基合作而成的《成唯识论》行世以后,影响甚大,成为法相宗所依据的重要论书之一。

四、法相宗的基本教义

1. 三界唯心,万法唯识

"三界唯心,万法唯识"讲述十方三世一切有漏法、无漏法,皆因八识心王而有而显,八识心王复依第八识及无明而现于三界,无明业种及上烦恼随眠复由各自第八识所持而借缘变现色身及世界山河,唯依第八识心而有,依第八识心而现,以第八识为根本。

释家有所谓八识,是瑜伽行派与法相宗五位法中之心法,即眼、耳、鼻、舌、身、意、末那、阿赖耶八识。其中,眼等六识随所依根而立名;末那识即为意,依其自性而立名;阿赖耶识依摄持诸法因果之义,亦即从自性而立名。或称眼等五识为前五识,意识为第六识,末那识为第七识,阿赖耶识为第八识。又因眼至末那乃阿赖耶所生、转易故,总称为转识或七转识;阿赖耶为七转诸法之因,故称根本识、种子识。

法相宗依唯识论,说明宇宙万有悉皆心识之动摇所现之影像,内外二界,物质非物质,无一非心识所变;能变识有八,所变法则森罗万象。

2. 三性、三无性

法相宗所说的三性,即遍计所执性、依他起性、圆成实性。此三性,乃法相宗教义的纲要。

遍计所执性:遍计,即普遍地计较;执,即执着、黏着、缠缚。合而言之,即众生普遍地计较,执着于各种事相。

依他起性：依他，即依赖于他物，依赖于外缘；起，即缘起，产生。合而言之，即一切万法，无量事相，皆假外缘而生，离外缘而灭，生生灭灭，无有暂息。

圆成实性：圆，即本来圆满；成，即本来现成；实，即真实不虚。合而言之，即本来圆满、本来现成、真实不虚的真如佛性。

法相宗恐人妄执三性，故依《解深密经》，又立三无性之教义，以破学者三性之执。针对遍计所执性，而说相无自性；针对依他起性，而说生无自性；针对圆成实性，而说胜义无自性：是谓三无性。以三无性之说，破三性之执，正显示了法相宗真空妙有之义：有而不实，即是空；空而不空，即是有；空有不二，即是中道。（参见苏树华《中国佛学各宗要义》）

3. 五位百法

法有"任持自性、轨生物解"之义，乃一切万有之总称。一切万有悉皆保持其自性，常不改变，是为"任持自性"；以保持自性，故能成为轨范标准，令人生起一定之了解，是为"轨生物解"。一切诸法，即森罗万象，在瑜伽论中被归纳为六六法。世亲更于《百法明门论》中立百法，分为心法、心所有法、色法、心不相应行法、无为法等五位。此等五位百法，皆不离识，即唯识所现。

4. 种子现行

百法中，除无为法之六法外，其余之因缘所生有为诸法，皆从种子生起。种子，于第八阿赖耶识中，能生起色法、心法等万千诸法之功能，犹如草木之种子。

5. 四分

四分：①相分，一切所缘境；②见分，诸识之能缘作用；③自证分，证知见分之作用；④证自证分，更确认自证分之作用。

6. 三类境

三类境即性境、独影境、带质境。①能缘之心对所缘之境时，唯以现量如实量知彼境之自相，称为性境。②由于能缘之心妄想分别所变现之境界，称为独影境。③境相兼带本质，即主观之心缘客观之境，虽有所依之本质，而非为彼境之自相，称为带质境。

7. 五性各别

五性各别，指一切有情本具声闻、缘觉、菩萨、不定、无性等五种种性。

8. 五重观法

五重观法与唯识说相适应，主张用唯识观。窥基在《大乘法苑义林章》中特别提出从宽至狭、从浅至深、从粗至细的五重唯识观。五重观是：①遣虚存实识。此观有情的遍计所执性法，纯属妄情臆造，毫无事实体用，故应遣除；至于依他性法仗因托缘依他而有事实体用，是"后得智"之境，又圆成性是诸法之理，为"根本智"之境，均不离识而应留存。是为唯识观的初步。②舍滥留纯识。虽观事理皆不离识，而此内识有所缘相分和能缘见分。相分为内境，见分心仗以起，摄境从心，并简别有滥于外境，所以只观唯识，为第二步。③摄末归本识。摄见相二分之末，归结到心自体分之本。因见相分皆识体所起，识体即为其本。今但观识体，为第三步。④隐劣显胜识。隐劣心所，显胜心王。心王起时必隐劣心所，为第四步。⑤遣相证性识。心王犹属识相，今遣相而证唯识性，得圆成实之真，为唯识观最究竟之阶段，即第五步。

此外，法相宗还有比较繁复的行证过程理论和行证果位理论。

五、法相宗的传承

法相宗是古印度大乘佛教瑜伽行派在中国的流衍。传说佛陀入灭九百年后，印度有弥勒出世，说《瑜伽师地论》。无著秉承其说，造《大乘庄严经论》《摄大乘论》《显扬圣教论》。世亲亦造《摄大乘论释》《十地经论》《辩中边论》《唯识二十论》《唯识三十颂》等，更有所阐明。不久无性亦造论注释《摄大乘论》，又有护法、德慧、安慧、亲胜、难陀、净月、火辨、胜友、胜子、智月等十大论师，相继造论以注释世亲之《唯识三十颂》。唐代玄奘入天竺，师事护法之门人戒贤，具禀法相宗之奥秘。返唐后，翻传法相宗经论，弘宣法相唯识之玄旨，受教者颇多。

日本方面，孝德天皇白雉四年（653年），道昭入唐，从玄奘学法相宗义，回国后，以元兴寺为中心传法，称为南寺传。元正天皇灵龟三年（717年，一说灵龟二年），玄昉入唐，从智周学法，返国后，以兴福寺为中心传法，称为北寺传。日本法相宗是奈良时代（710—794）、平安时代（794—1192）最有势力的宗派之一。日本之智凤、智雄、智鸾、玄昉等皆出智周之门，均有所承学。其后，禅宗及华严宗等勃兴，法相宗教势顿衰，宋代以后稍见复兴之迹。至明代，智旭撰《成唯识论观心法要》，明昱作《成唯识论俗诠》，通润作《成唯识论集解》，广承作《成唯识论音义》，等等。自晚清、民国初年，以南京内学院欧阳竟无大师为首，带来了近代法相唯识宗的复兴，影响广泛深远，国学大师熊十力的哲学思想就深受其影响。

夏金华认为，法相宗衰落是因为：首先，它既不能像禅宗那样为士大夫提供安身立命的支柱，又不能给予善男信女简单易行的修持法门，从而有效地解决人们精神生活中的实际问题；其次，从逻辑上说，对因明逻辑的陌生，是国人难以普遍接受唯识学说的重要原因，同时，唯识学偏于"见"（理论）的传承，而忽略"行"（实践），这是法相宗本身的致命弱点；再次，法相宗的兴起，实际上是借皇权之力而成，与当时整体创新的佛学背景不合，且其"宗论"的行为与中土"宗经"的传统相悖。因此，法相宗难以维持长久的繁荣。事实上，唯识学在古今中外大都没有过什么特别好的境遇，例如，印度历史上唯识学重镇那烂陀寺的消亡，朝鲜半岛法相唯识学的衰微不振，日本法相宗相较于临济宗、曹洞宗及净土宗、净土真宗等的相形见绌，都说明唯识学的适用性非常有限，难以普遍推广。作为学术思想，毫无疑问，它是十分优秀的，并将长期存在。但作为宗教，它并不那么出色。不能切实有效地解决人们精神生活中的实际问题，是法相宗虽盛极一时却最终走向式微的根本原因。（夏金华《唐代法相宗的衰落原因新论》）

第三节　唐皇室与大慈恩寺

大型正统宗教与国家政权往往是一个相互依赖的统一体，宗教依托国家政权的力量得以传播和发展，而国家政权则利用宗教的社会功能维护和延续自身的统治。佛教自传入中土之初，就与皇权有着天然联系。作为三教中唯一发源于域外的宗教，佛教唯有投靠帝王，才能在中央集权的封建社会广泛流传。道安有云"不依国主，则法事难立"，而隋文帝"大崇释氏，以收人望"。到了唐代，佛教与国家政权结合的程度达到了空前紧密的状态，寺院造设也打上了鲜明的皇权文化烙印。

郭瑞蕾《唐代长安佛寺与诗歌研究》认为，唐长安寺院与统治者联系密切，根源于唐统治者对佛教有着浓厚兴趣。在唐代，佛教与皇权联系之密切达到了空前绝后的程度，帝王信佛的比例在中国历朝历代中无出其右。唐帝王的奉佛内容虽各有不同，然其共同兴趣无非以下三点：

其一，利用佛教辅佐教化。

儒家讲性善，佛教亦宣扬善报，二者互补，正可教化天下。儒家宣扬的伦理道德靠的是自觉遵守，而佛教义理却宣扬因果报应，传播"善有善报，恶有恶报"之说，无形中给良行美德以一层宗教约束。佛教这种以神灵控制民众言行的作用是儒学与道教代替不了的，因此唐代统治者将其视作治世工具而大加传扬。

其二，利用佛教神化皇权。

古人讲求"天人合一"，在佛教大行其道的唐朝，帝王往往利用佛教宣扬"君权神授"的功能将自身权力合理化。唐立国之初即借助了僧人力量，李世民平王世充曾借助嵩山少林寺僧人的武力取得胜利，此后他一直认为这场战争得以取胜是因佛法保佑，以为李唐王朝受到了佛教不可思议之力的保佑。

其三，情感上崇信佛教。

唐帝王热忱的佛教信仰，是唐皇室佛教态度中的最主要内容。无论是以佛教教化百姓，还是用佛教神化自身，都出自一个基本前提——唐统治者对佛教怀有真心实意的信仰。佛教是一种哲学，也是一种信仰，佛教的祈福禳灾功能令唐帝王对其神异功能充满敬畏。据《法苑珠林》载，太宗造弘福寺，语僧曰："佛道大小，朕以久知。释李尊卑，通人自鉴。岂以一时在上，即为胜也。朕以宗承柱下，且将老子居先。植福归心，投诚自别。比来檀舍，金向释门。凡所葺修，俱为佛寺。诸法师等，知朕意焉？"意思是，以道教为国教是出自现实的考虑，他个人其实更倾心向佛。这种态度是唐帝王对待佛教的情感的典型代表，无论对佛理了解多少，唐帝王总是对佛教灵异之事深怀敬畏、迷信。

唐帝王对佛教的敬畏心态，使得唐初帝王对修建寺庙有着浓厚的兴趣。史载：

> 慈恩寺，晋昌坊，隋无漏废寺。贞观二十二年十二月二十四日，高宗在春宫，为文德皇后立为寺，故以慈恩为名。寺内浮图，永徽三年，沙门元奘所立。[①]

意思是说，大慈恩寺是唐太宗贞观二十二年（648年）太子李治为其母文德皇后所立。至于寺庙内的佛塔，则是唐高宗永徽三年（652年）玄奘所立。可见大慈恩寺是一座皇家寺庙。

---

① ［宋］王溥. 唐会要［M］. 上海：上海古籍出版社，2006.

皇家敕建寺院的第一个目的是管理宗教、弘扬国威；第二个目的是为个人修福德，这是统治者造寺的最主要动机，直接推动了唐都长安的造寺之风。

大慈恩寺建成后，成为李唐王朝安置高僧、举办佛事活动的重要场所。考《大唐故三藏玄奘法师行状》《大慈恩寺三藏法师传》等史料可知，初唐时期唐太宗、唐高宗对玄奘及其弟子关爱有加，并与之关系密切，具体表现为：

一是玄奘奉诏译经，所译经文均由皇帝预览，甚至由皇帝亲自撰文推荐，颁行全国各地。

> 高宗既即位。亲制大慈恩寺碑。①

> 因敕所司。写新翻经论为九本。颁与雍洛相兖荆扬等九州。遣递流布。法师更请经题。恩敕方许。至其年八月四日。制序讫。凡七百八十言。题云大唐三藏圣教序。通冠新经之首。于明月殿。命弘文馆学士上官仪以所制序。对群僚宣读。霞烂锦舒。光赞兼极。凡厥百僚。喜跃庆贺。今上在春宫。又制述三藏圣教序讫。凡五百七十言。二圣序文出后。法师又陈表谢。……四方道俗。手舞足蹈。歌咏连音。内外揄扬。曾未浃晨而周六合。慈云再荫。惠日重明。归依之徒。波回雾委。所诸上之化下。犹风靡草。……中间又翻成唯识论、辩中边论、唯识二十论、品类足论等。至十一月二十三日。命窥基赍表。请圣上制大般若经序。

> 又显庆年中。恩敕云。大慈恩寺僧玄奘。所翻经论既新。翻译文义须精。宜令太子太傅尚书左仆射燕国公于志宁。中书令兼检校吏部尚书南阳县开国男来济。礼部尚书高阳县开国男许敬宗。黄门侍郎兼检校太子左庶子邠〔汾〕阴县开国男萨〔薛〕元超。守中书侍郎兼检校太子右庶子广平县开国男李义府。时为看阅。有不隐〔稳〕便处。即随事润色。②

---

① 见《释氏稽古略》卷三。
② 见《大唐故三藏玄奘法师行状》。

二是帝王下令造寺，恩宠大德，供养僧人。皇帝也经常驾幸寺庙，僧人待遇优渥，受到礼遇。

> 甲寅永徽五年。帝特旨度沙弥窥基为大僧。入大慈恩寺。参译经正义。①

> 帝曰："不须在山，师西方去后，朕奉为穆太后于西京造弘福寺，寺有禅院甚虚静，法师可就翻译。"法师又奏曰："百姓无知，见玄奘从西方来，妄相观看，遂成阛阓，非直违触宪网，亦为妨废法事，望得守门以防诸过。"帝大悦曰："师此意可谓保身之言也，当为处分。师可三五日停憩，还京就弘福安置。……"②

> 至二十二年。驾幸玉华宫。六月。敕追法师。既至。接以殊礼。敕问。师比更翻何经论。
> 遂共京城僧。造幢盖等迎。敕又遣见在王公太常九部乐及二县音声。千余车助送。上届安福门观之。光扬之美。难为具述。③

三是为玄奘提供藏经、译经的场所，为玄奘配备翻译助手，提供丰厚的物质保障。

> 又为穆皇后于庆善馆侧造慈德寺。沙门玄奘振锡五天，搜扬正法，旋镳八水，思阐微言。十有九年，奉诏翻译。前后褒赏，格显常伦；中使相望，无空旬日。躬留神思，为制序之。控引经宗，褒扬佛理。所度僧众三万余人。至于金银等身真珠像等，动过万计，差难备举。④

> 令所司于京城内旧废寺妙选一所，奉为文德圣皇后即营僧寺。寺

---

① 见《释氏稽古略》卷三。
② 见《大慈恩寺三藏法师传》。
③ 见《大唐故三藏玄奘法师行状》。
④ 见《法苑珠林》。

成之日，当别度僧。仍令挟带林泉，务尽形胜。仰规忉利之果，副此周极之怀。于是有司详择胜地，遂于宫城南晋昌里，面曲池，依净觉故伽蓝而营建焉。瞻星揆地，像天阙，仿祇园。穷班、倕巧艺，尽衡、霍良木，文石梓桂橡樟栟桐充其林，珠玉丹青赭垩金翠备其饰。而重楼复殿，云阁洞房，凡十余院，总一千八百九十七间，床褥器物，备皆盈满。①

因赐摩云纳袈裟一领。妙绝今古。价直万金。又令天下寺观。各度五人。冬十月。随驾还京。于北阙别弘法院安置。有令造慈恩寺。于寺西北角造翻经院。敕法师移就翻译。给弟子五十人。弘福旧处。仍给弟子十人看守。至永微〔徽〕二年。请造梵本经台。蒙敕施物。遂得成就。

又显庆三年中。敕为皇太子于汉王故宅造西明寺。令给法师上房一口。新度僧十人。以死〔充〕为弟子。

法师以为在京多务。恐难卒了。于是屡请居山。方蒙恩许。往玉花〔华〕宫寺翻译。仍敕供给。一准在京。②

皇家设立佛寺，便会在寺中举办一些佛事活动，主要是行香设斋与游幸。

1. 行香设斋

行香设斋是长安佛寺的重要佛事。所谓行香，就是为佛祖焚香以示尊重的一种宗教形式。所谓设斋，就是统治者施舍给僧人食物的一种宗教仪式。唐代行香与设斋往往一起进行。

唐代有帝诞日行香、佛教节日行香、放生法会、国忌行香等，其中国忌行香最初是只在京城长安举办的大型活动。南宋赵彦卫《云麓漫钞》卷三载，"国忌行香，起于后魏及江左齐梁间，每然香熏手，或以香末散行，谓之行香"。行香时皇帝亲率大臣焚香礼拜，设斋食素，京城中等级别以上的官员必须参加。

---

① 见《大慈恩寺三藏法师传》。
② 见《大唐故三藏玄奘法师行状》。

《新唐书·百官志》记载:"凡国忌废务日,内教、太常停习乐,两京文武五品以上及清官七品以上,行香于寺观。"

长安寺院中亦举行斋戒,主要是表示对祭祀等重大活动的尊崇,较行香来说禁忌更多。张籍《寺宿斋》诗曰:"晚到金光门外寺,寺中新竹隔帘多。斋官禁与僧相见,院院开门不得过。"

2. 游幸

皇帝于重要节庆日或政务闲暇时,往往会驾临佛寺。贞观二十二年(648年),唐太宗驾幸玉华宫,仔细询问了玄奘翻译佛经的情况。

唐高宗也曾驾幸大慈恩寺,作了《谒慈恩寺题奘法师房》与《谒大慈恩寺》两首诗。

唐帝王好游寺,一般认为他们四处游幸多为享乐,但从他们的佛寺诗作来看,他们入寺游幸更有探索佛理、尊崇佛法的目的,有时甚至把佛法看得比王权还重。这是颇值得注意的一种现象。①

第四节 慈恩道场

佛教中的"道场"有二义:一是指佛教徒诵经、礼拜、修道的场所,此义后来引申为寺庙;二是泛指佛教中规模较大的诵经、礼拜仪式,如祈福禳灾的水陆道场、慈悲道场等等。当然,作为规模宏大、富丽堂皇的皇家寺庙,唐代大慈恩寺除了兼具一般意义上的道场功能,最重要的还是作为玄奘法师主持下的佛经翻译场所。

玄奘西行取经归国后,在唐太宗的支持下,不仅在大慈恩寺建大雁塔藏经,而且在大慈恩寺组织了规模宏大的译场。唐太宗贞观二十二年(648年)大慈恩寺落成后,太子李治即请玄奘总理寺院事务。玄奘在此邀请全国各地的高僧大德,组成了规模空前的佛经译场。玄奘在佛学研究方面成就卓越,加上他又十分重视对年轻僧侣的教育,使大慈恩寺成为当时享誉海内外的佛学文化中心,不仅吸引了大量国内的僧侣,而且吸引了很多来自日本、印度、朝鲜、西域诸国

---

① 郭瑞蕾. 唐代长安佛寺与诗歌研究[D]. 广州:暨南大学,2011.

大慈恩寺俯瞰图

的僧人来学习。唐高宗永徽三年（652年），玄奘奏请在大慈恩寺西塔院修筑大雁塔用于存放佛经，共520箧657部。

唐代长安佛经翻译事业空前繁荣，其中，大兴善寺、大慈恩寺和大荐福寺被称为"长安三大译场"。中国佛经翻译的发展轨迹是"由私译而至合译，又由小译场而为大译场，组织及分工细密、严谨"。译场与私人翻译不同，已经演变为一种有分工协作的组织机构。早在隋唐之前，鸠摩罗什主持的译场在译经过程中至少含有口授、笔录、两释（互译）、辩文、与旧经对照、审义、书记、校验等八九道程序。译场制度发展到唐太宗时，玄奘主持的长安译场已经非常严密，分工很细。据王亚荣《玄奘译场助译僧考述》一文考证，贞观十九年（645年），玄奘归至京师组织译场，有23人参译，其中证义12人，缀文9人，字学1人，证梵语、梵文1人。到了第二年，重新调整为助译25人，其中笔受8人，缀文8人，正字1人，证梵语1人，证义7人。据同一文，高宗显庆元年（656年）七月二十七日，玄奘译场在大慈恩寺翻经院译《大毗婆沙论》时的组织结构和助译僧为：笔受5人，证义7人，缀文4人，执笔2人，正字2人。文章中说"玄奘译场共出现证义、笔受、缀文、执笔、正字、证梵文、证梵语、证文、录文等职务"，但不是同时有此 9 种职务，"玄奘译场助译僧的变化较大。人数上多者 50 余人，少时 10 余人"。而尹富林和张志芳的文章中说道："唐代玄奘主持的译场，其分工极为具体而严密。他将译经活动进行了 11 种分工：译主（即译经场的主持人）、证义（与译主评量梵文）、证文（听译主宣读梵文以验误差）、译语（亦称度语，检查印证译主的翻译与梵本、梵义是否一致）、笔受（将译主诵出的外文记录下来并转录为汉文）、缀文（整理记录，使之成句）、参译（参考两国文字，使之无误）、刊定（刊削冗长，定取句义）、润文（润色文采）、誊抄、梵呗。此外，还设监护大臣监阅总校。如此明确的分工，除了显示对佛经翻译的重视外，更体现了译者相互配合、相互协调的作用。"（尹富林、张志芳《试析我国古代佛经翻译中的主体性意识》）

随着翻译实践工作的日益积累，玄奘在翻译理论方面也取得了巨大成就，主要表现在以下方面。

一、变旧译法为新译法

隋唐之前的佛经翻译多采用音译法。释道安通过对同本异译的比较进行翻译，基本上为直译法。鸠摩罗什主张意译，开启了中国译经的旧译时代。玄奘自天竺取经回来，积极改变传统的旧译法，采用将音译与意译结合的新译法，被称为"新译"。据中外学者对勘，他在译经过程中运用了 6 种翻译技巧：补充法、省略法、变位法、分合法、译名假借法、代词还原法。音译与意译结合的译法，再加上多种翻译技巧的灵活运用，对于后代佛经翻译工作具有借鉴意义。

二、翻译的标准

《续高僧传》中指出了玄奘译经的标准，"他（玄奘）比较了两国语言文字的结构，以及历史性的特点，提出了在翻译过程中'既须求真，又须喻俗'的原则"（何锡蓉，2004：222）。"求真"就是忠实于原文，"喻俗"就是通俗易懂。玄奘提出的"求真"与"喻俗"相结合的翻译标准，不偏不废，相辅相成，对后世翻译学界具有深远的影响。我国近代翻译家提出的"信、达、雅"的标准中，"信"与"达"的意思即与玄奘提出的"求真"和"喻俗"有异曲同工之妙。

三、"五不翻"原则

玄奘译经有"五不翻":"一秘密故,如陀罗尼。二含多义故,如薄伽梵、具六义。三此无故,如阎浮树,中夏实无此木。四顺古故,如阿耨菩提,非不可翻,而摩腾以来,常存梵音。五生善故,如般若尊重,智慧轻浅。"这里所说的"五不翻",并不是说翻译者可以直接省略原文不译,而是指遇到上述五种情况应采用音译。"五不翻"原则是玄奘经过多年翻译实践之后,熟练地将音译与意译相结合得出的。尽管后世对这一原则褒贬不一,但这一原则确实对后世佛经的翻译起到了指导作用,并且遵循这一原则所译经书大多流传于世,经久不衰。[①]

玄奘勤奋译经 19 年,所译经书比三大译师译经的总和还多(马祖毅,1980),对我国佛教发展做出了巨大的贡献。

第五节　二帝《圣教序》

在大慈恩寺,还有一段值得大书特书的佳话,就是初唐时唐太宗李世民和唐高宗李治分别为玄奘所译佛经撰写了序文。其中,唐太宗撰写的是《大唐三藏圣教序》,唐高宗撰写的是《大唐皇帝述三藏圣教序记》,一序、一记可以合称"二帝《圣教序》"。史载,唐太宗"先许作新经序,国务繁剧,未及措意。至此法师重启,方为染翰。少顷而成,名《大唐三藏圣教序》。凡七百八十一字,神笔自写,敕贯众经之首。帝居庆福殿,百官侍卫,命法师坐,使弘文馆学士上官仪以所制序对群寮宣读"[②]。《大唐三藏圣教序》全文如下:

> 盖闻二仪有像,显覆载以含生;四时无形,潜寒暑以化物。是以窥天鉴地,庸愚皆识其端;明阴洞阳,贤哲罕穷其数。然而天地苞乎阴阳而易识者,以其有像也;阴阳处乎天地而难穷者,以其无形也。

[①] 张茹娟. 玄奘翻译成就探析 [J]. 文教资料, 2014 (2).

[②] [唐] 慧立, [唐] 彦悰. 大慈恩寺三藏法师传 [M]. 孙毓棠, 谢方, 点校. 北京: 中华书局, 2000.

故知像显可征，虽愚不惑；形潜莫睹，在智犹迷。况乎佛道崇虚，乘幽控寂，弘济万品，典御十方，举威灵而无上，抑神力而无下。大之则弥于宇宙，细之则摄于毫厘。无灭无生，历千劫而不古；若隐若显，运百福而长今。妙道凝玄，遵之莫知其际；法流湛寂，挹之莫测其源。故知蠢蠢凡愚，区区庸鄙，投其旨趣，能无疑惑者哉！

然则大教之兴，基乎西土，腾汉庭而皎梦，照东域而流慈。昔者，分形分迹之时，言未驰而成化；当常现常之世，民仰德而知遵。及乎晦影归真，迁仪越世，金容掩色，不镜三千之光；丽像开图，空端四八之相。于是微言广被，拯含类于三途；遗训遐宣，导群生于十地。然而真教难仰，莫能一其旨归，曲学易遵，邪正于焉纷纠。所以空有之论，或习俗而是非；大小之乘，乍沿时而隆替。

有玄奘法师者，法门之领袖也。幼怀贞敏，早悟三空之心；长契神情，先包四忍之行。松风水月，未足比其清华；仙露明珠，讵能方其朗润。故以智通无累，神测未形，超六尘而迥出，只千古而无对。凝心内境，悲正法之陵迟；栖虑玄门，慨深文之讹谬。思欲分条析理，广彼前闻，截伪续真，开兹后学。是以翘心净土，往游西域，乘危远迈，杖策孤征。积雪晨飞，涂间失地；惊沙夕起，空外迷天。万里山川，拨烟霞而进影；百重寒暑，蹑霜露而前踪。诚重劳轻，求深愿达，周游西宇，十有七年。穷历道邦，询求正教。双林八水，味道餐风，鹿苑鹫峰，瞻奇仰异。承至言于先圣，受真教于上贤。探赜妙门，精穷奥业。一乘五律之道，驰骤于心田；八藏三箧之文，波涛于口海。

爰自所历之国，总将三藏要文，凡六百五十七部，译布中夏，宣扬胜业。引慈云于西极，注法雨于东垂，圣教缺而复全，苍生罪而还福。湿火宅之干焰，共拔迷途；朗爱水之昏波，同臻彼岸。是知恶因业坠，善以缘升，升坠之端，唯人所托。譬夫桂生高岭，零露方得泫其华；莲出渌波，飞尘不能污其叶。非莲性自洁而桂质本贞，良由所附者高，则微物不能累；所凭者净，则浊类不能沾。夫以卉木无知，犹资善而成善，况乎人伦有识，不缘庆而成庆！方冀兹经流施，将日月而无穷；斯福遐敷，与乾坤而永大。①

唐高宗李治《大唐皇帝述三藏圣教序记》作于贞观二十二年（648年），那时他还是太子。此记，《大慈恩寺三藏法师传》将其称作《述圣记》，《全唐文》因之。而《广弘明集》中写作《述圣记三藏经序》，《续高僧传》中写作《三藏圣教序》，《通志》中写作《三藏圣教序并记》，《来斋金石刻考略》中分为《三藏圣教序》和《述三藏圣教序记》，《陕西通志》中写作《二帝三藏圣教序》。因此，这两篇御制序文的名称颇为雷同，容易混淆。但一般来说，史籍中所谓《三藏圣教序》均指唐太宗《大唐三藏圣教序》，而《述圣记》则应被称为《大唐皇帝述三藏圣教序记》。其全文如下：

> 夫显扬正教，非智无以广其文；崇阐微言，非贤莫能定其旨。盖真如圣教者，诸法之元宗，众经之轨躅也。综括宏远，奥旨遐深，极空有之精微，体生灭之机要。词茂道旷，寻之者不究其源；文显义幽，履之者莫测其际。故知圣慈所被，业无善而不臻，妙化所敷，缘无恶而不剪。开法网之纲纪，弘六度之正教，拯群有之涂炭，启三藏之秘扃。是以名无翼而长飞，道无根而永固。道名流庆，历遂古而镇常；赴感应身，经尘劫而不朽。晨钟夕梵，交二音于鹫峰；慧日法流，转双轮于鹿苑。排空宝盖，接翔云而共飞；庄野春林，与天华而合彩。
>
> 伏惟皇帝陛下，上元资福，垂拱而治八荒；德被黔黎，敛衽而朝万国。恩加朽骨，石室归贝叶之文；泽及昆虫，金匮流梵说之偈。遂使阿耨达水通神甸之八川，耆阇崛山接嵩华之翠岭。窃以法性凝寂，靡归心而不通；智地玄奥，感恩诚而遂显。岂谓重昏之夜，烛慧炬之光；火宅之朝，降法雨之泽。于是百川异流，同会于海，万区分义，总成乎实。岂与汤、武校其优劣，尧、舜比其圣德者哉！
>
> 玄奘法师者，夙怀聪令，立志夷简，神清龆龀之年，体拔浮华之世，凝情定室，匿迹幽岩，栖息三禅，巡游十地，超六尘之境，独步迦维，会一乘之旨，随机化物。以中华之无质，寻印度之真文，远涉

---

① ［唐］慧立，［唐］彦悰. 大慈恩寺三藏法师传［M］. 孙毓棠，谢方，点校. 北京：中华书局，2000.

恒河，终期满字。频登雪岭，更获半珠。问道往还，十有七载，备通释典，利物为心。以贞观十九年二月六日，奉敕于弘福寺翻译圣教要文，凡六百五十七部。引大海之法流，洗尘劳而不竭，传智灯之长焰，皎幽暗而恒明，自非久植胜缘，何以显扬斯旨？所谓法相常住，齐三光之明，我皇福臻，同二仪之固。伏见御制众经论序，照古腾今，理含金石之声，文抱风云之润。治辄以轻尘足岳，坠露添流，略举大纲，以为斯记。①

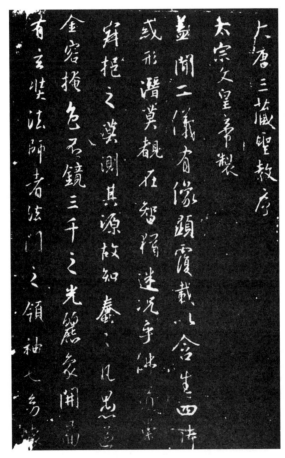

《大唐三藏圣教序》拓本（局部）

---

① ［唐］慧立，［唐］彦悰. 大慈恩寺三藏法师传［M］. 孙毓棠，谢方，点校. 北京：中华书局，2000.

今存唐太宗李世民撰《大唐三藏圣教序》和唐高宗李治撰《大唐皇帝述三藏圣教序记》的碑刻有四种：①《集王羲之圣教序碑》，唐弘福寺沙门怀仁集王羲之书，现存西安碑林博物馆；②《雁塔圣教序碑》，褚遂良书，万文韶刻，现仍在西安大慈恩寺大雁塔下；③《大唐二帝圣教序碑》，原在玄奘法师故乡偃师的招提寺，故又称《招提寺圣教序碑》，王行满书，"文革"中被毁坏，残石现存于偃师商城博物馆；④《同州圣教序碑》，为《雁塔圣教序碑》的翻刻，现藏于西安碑林博物馆。

清代林侗《来斋金石刻考略》之《慈恩寺塔圣教序并记》云：

> 《三藏圣教序》，文皇帝所制也。《述三藏圣教序记》，高宗在春宫日所制也。褚遂良奉勒书，各为一碑。文皇序龛塔门东，高宗记龛塔门西，风雨牧樵所不及，故最完好。二碑俱高四尺三寸，广俱二尺一寸。序计二十一行，每行四十二字，永徽四年十月建。记二十行，每行四十字，永徽四年十二月建。

两代皇帝为玄奘所译佛经作序、记，并刻碑勒石，体现了初唐时皇权对佛教的高度尊崇，也有力地促进了佛教在唐帝国的宣扬。史载：

> 自二圣序文出后，王公、百辟、法、俗、黎庶手舞足蹈，欢咏德音，内外揄扬，未及浃辰而周六合，慈云再荫，慧日重明，归依之徒波回雾委。所谓上之化下，犹风靡草，其斯之谓乎！①

---

① ［唐］慧立，［唐］彦悰. 大慈恩寺三藏法师传［M］. 孙毓棠，谢方，点校. 北京：中华书局，2000.

第五章 高僧大德

自玄奘法师在大慈恩寺翻译佛经并创立法相宗以后,大慈恩寺的历代高僧在此弘扬佛法,传承佛教文化,成为中国佛教法相宗的传播者。大慈恩寺也成为中国佛教法相宗的祖庭,时至今日,香火绵嗣。

本书第三章已详细介绍了玄奘法师的生平及取经过程,因而这里不再赘述,主要介绍窥基、圆测、九大缀文大德、道因、怀素、善导、妙阔诸位法师。

第一节 窥基法师

"玄奘门下,弟子三千,达者七十,其盛可比孔子。"①其中最著名者有窥基、神昉、嘉尚、普光四大高足。而窥基是最能继承玄奘法系之人。

窥基（632—682）,法相宗创始人之一,朔州鄡阳（今山西朔州）人,生于长安,俗姓尉迟,字洪道,是大唐开国功臣尉迟恭之侄,其父尉迟宗为唐金吾卫将军。相传其母裴氏因梦见掌中有月轮而吞下,后怀孕。窥基出生时满屋红光,全家皆喜。窥基生性聪慧,虽出身将门,却奉敕为玄奘弟子。17岁出家,先入弘福寺,后移住大慈恩寺,师从玄奘学梵文及佛学经论。

---

①蒋维乔. 中国佛教史［M］. 北京：商务印书馆,2017：146.

显庆四年（659年），窥基参与翻译《成唯识论》，深得法相、因明之要旨，极受玄奘重视。后来，窥基"讲通大小乘教三十余本。创意留心，勤勤著述，盖切问而近思，其则不远矣。造疏计可百本"，被称为"百本疏主"，是法相宗的实际创始人。可以说，窥基的佛学造诣直接受玄奘的影响，没有玄奘传译和他对窥基的精心培养，窥基不可能成为法相宗创始人之一。反之，若无窥基的著述和阐扬，玄奘所传法相宗之学也不会发扬光大。因此，后人尊玄奘为法相宗初祖，窥基为法相宗二祖。"二师立功与言，俱不朽也。"①

窥基法师像（拓本）

窥基著有《瑜伽师地论略纂》16卷、《成唯识论》10卷、《成唯识论掌中枢要》4卷、《唯识二十论述记》2卷、《唯识三十论略释》1卷、《大乘阿毗达磨杂集论述记》10卷、《辩中边论述记》3卷、《大乘法苑义林章》17卷、《因明入正理论疏》3卷，以及《金刚般若经赞述》《法华玄赞》《弥勒上生经疏》等多部著作，阐述法相宗的万有论、缘起论、识体论、转生论、中道论和修道论等唯识理论，使其更加充实、完备，盛极一时。

窥基于永淳元年（682年）圆寂，灵骨葬于护国兴教寺玄奘舍利塔一侧，受到后世众生的膜拜。

---

① ［宋］赞宁. 宋高僧传［M］. 北京：中华书局，1987.

兴教寺塔

第二节　圆测法师

圆测（613—696），俗姓金，名文雅，新罗僧人，玄奘著名弟子之一。原是新罗王孙，自幼出家。15 岁到唐都长安，先受学于法常（567—645）和僧辩（568—642）门下，住玄法寺。这一时期，主要钻研《成实论》《俱舍论》《大毗婆沙论》等论，并为其注疏。当时圆测已有盛名，他天资聪颖，是个语言天才，通梵语及西域六国语言。

玄奘取经回到长安后，圆测又拜玄奘为师。显庆三年（658 年），玄奘徙居西明寺，圆测随行，遂与窥基在玄奘门下齐名并重。

玄奘圆寂后，圆测在西明寺继承玄奘唯识学教义，主讲《成唯识论》。他是一位学德兼优的学僧，受到武则天的重视，奉敕任该寺大德，这就是圆测被称为"西明"的由来。此时，圆测所讲唯识学与窥基主持大慈恩寺所持之唯识学有了很大区别。时人有"西明、慈恩对峙"之说。

圆测性好山水，曾前往终南山云际寺，住在离寺 30 公里远的地方，净修 8 年后，又回到西明寺，奉敕主持寺务。圆测的作品据说有 19 部 83 卷，但多数已佚失，现仅有《解深密经疏》10 卷、《仁王经疏》3 卷、《般若心经赞》1 卷。

圆测圆寂后葬于洛阳龙门香山寺北谷。其弟子慈善等将其部分遗骨葬于终南山。北宋政和五年（1115 年），同州龙兴寺广越又从终南山分得遗骨，葬于西安兴教寺玄奘塔左，与窥基灵骨塔相对。

圆测法师像（拓本）

第三节 缀文大德

玄奘在长安设立译场后,房玄龄奉命在全国范围内为玄奘挑选证义、笔受、缀文的人才,共选出缀文大德9人,分别是京师会昌寺沙门辩机、普光寺沙门栖玄、弘福寺沙门明璿,终南山丰德寺沙门道宣,简州福聚寺沙门静迈,蒲州普救寺沙门行友、栖岩寺沙门道卓,幽州昭仁寺沙门慧立,洛州天宫寺沙门玄则。9人中辩机、道宣、静迈、慧立声名较为显赫,他们不仅翻译了大量佛经,而且都有著作传世。辩机是其中最为出色的。

辩机生于武德二年(619年),唐代婺州(今浙江金华)人,《大唐西域记·记赞》中说,辩机少怀高蹈之节,容貌俊秀英飒,气宇不凡。15岁出家,师从长安城西南隅永阳坊的大总持寺道岳法师。道岳被立为普光寺寺主后,辩机住长安西北的金城坊会昌寺,虔心事佛,钻研佛学法理,深谙大小乘经论。玄奘首开译场时,辩机为时人所推崇,成为玄奘翻译佛经的助手,是9名缀文大德之一。

《续高僧传》记载:"沙门智证、辩机等以为录文,……其年五月,创开翻译《大菩萨藏经》二十卷,余为执笔,并删缀词理。……微有余隙,又出《西域传》一十二卷,沙门辩机亲受。时事连纰,前后兼出《佛地》《六门神咒》等经,都合八十许卷。"辩机高才博识,文采斐然,译著丰富,翻译《显扬圣教论颂》1卷、《六门陀罗尼经》1卷、《佛地经》1卷、《天请问经》1卷;又参与译出《瑜伽师地论》要典,100卷经文中由他受旨证文者达30卷。

太宗皇帝对玄奘在西域和天竺期间的经历、见闻和当地风俗非常感兴趣,叮嘱玄奘将这些情况修成传记,以示天下。玄奘见太宗非常重视,也不敢怠慢,特选天分最高、自己最为倚重的辩机为助手,自己口述,辩机执笔记录、整理、润色,才成就了《大唐西域记》这部巨著。

道宣生于开皇十六年(596年),俗姓钱,字法遍,原籍吴兴(今浙江长兴),生于京兆长安,东汉富春侯钱让之后。父亲钱申任吏部尚书。母亲姚氏怀孕时,梦见白月贯怀,有梵僧对她说:"这孩子是齐梁时代的高僧僧祐再来,将来适宜出家弘扬释教。"他是佛教南山律宗的开山之祖,又称"南山律师""南山大师"。因他一生中大多数时间居终南山,故世称其为"南山律祖"。

道宣幼时聪颖，9 岁就已遍览群书，能吟诗作赋。15 岁时在长安日严寺受业，师从慧頵大师，次年正式出家。20 岁，依止禅定寺智首律师受具足戒，在其门下学习律学。之后四处游学，自道："居无常师，追千里如咫尺；惟法是务，跨关河如一苇；周流晋魏，披阅累于初闻；顾步江淮，缘构彰于道听。"①

道宣法师画像

贞观十九年（645 年），道宣入选九大缀文大德。显庆三年（658 年），道宣奉诏成为西明寺上座，邀请玄奘入寺译经，并在翻译《大菩萨藏经》中担任证义。乾封二年（667 年），玄奘的译场迁入西明寺，道宣再次参加译经工作。同年十月圆寂，世寿 72 岁。

道宣著述丰厚，律学著作有"南山五大部"：《四分律删繁补阙行事钞》3卷，《四分律删补随机羯磨疏》（简称《随机羯磨疏》）4 卷，《四分律含注戒本疏》4 卷，《四分律拾毗尼义钞》（简称《拾毗尼义钞》《要义钞》）3 卷，《四分律比丘尼钞》3 卷。其中，前三部又称"南山三大部"。除律学著作外，道宣还潜心研究佛教传播史，著有《释迦方志》2 卷、《集古今佛道论衡》4 卷、《广弘明集》30 卷、《大唐内典录》10 卷、《续高僧传》30 卷等。这些著作是研究中国佛教史、印度佛教不可或缺的资料。智昇评价道宣："外博九流，内精三学，戒香芬洁，定水澄漪。存护法城，著述无辍。"②

静迈生于贞观元年（627 年），梓潼（四川梓潼，一说简州，今四川简阳西北）人。志向高远，品行高洁，深谙经论，气性沉厚，不妄交结。玄奘在弘福寺翻译佛经时，静迈被选中参加翻译工作，为九大缀文大德之一（一说为十二证义之一），翻译《本事经》7 卷。后静迈又在玉华寺、大慈恩寺任笔受，有《古今译经图纪》4 卷，"古今经目、译人名位、单译、重翻、疑伪等科，一皆

---

① ［南朝梁］慧皎，［唐］道宣，［宋］赞宁，等. 四朝高僧传［M］. 北京：中国书店，2018.

② ［南朝梁］慧皎，［唐］道宣，［宋］赞宁，等. 四朝高僧传［M］. 北京：中国书店，2018.

条理"①。另著有《般若心经疏》1卷、《佛地经论疏》6卷、《十轮经疏》8卷等。

慧立,又称惠立,俗姓赵,秦州(今甘肃天水)人,生于隋大业十一年(615年)。其远祖因官迁至新平(今陕西彬州),故亦为豳州人,或称河东人。慧立少时聪颖,有弃俗之志。贞观三年(629年),慧立在豳州昭仁寺出家。玄奘从天竺归来译经,慧立奉敕任大慈恩寺缀文大德,后来担任西明寺都维那,后又为太原寺住持等。他在《药师琉璃光如来本愿功德经》的翻译中担任笔受。慧立博考儒、释,博学有才辩,直言不惧威严,高宗经常召他入大内,与他对论,对他深为认可。

除译经外,慧立的另一大贡献是撰写了《大慈恩寺三藏法师传》。慧立敬仰玄奘法师西去取经的事迹,认为如果不及时记述下来,则此事迹恐难以久传。于是为玄奘法师立传,撰写了《大慈恩寺三藏法师传》5卷。慧立担心自己写的玄奘传记不全,有所遗漏,不能完全反映玄奘的功绩,便将著作藏在地窖里,不让任何人看。慧立直到临终之时,才命徒弟挖出此书。此书后来流散。武后垂拱四年(688年),弘福寺沙门彦悰搜购、排列、补校、笺述,续成该书。今流传之十卷本《大慈恩寺三藏法师传》即依此修正而成。

第四节 道因法师

道因,俗姓侯,濮州濮阳(今河南濮阳)人。《宋高僧传》中说他有"孝爱之节,慈顺之风"。隋末在灵岩寺出家为僧,讲授《涅槃经》,"宿齿名流,咸所叹服"。后随彭城嵩法师学习大乘佛教。道因为避战乱来到蜀地多宝寺,讲授《摄大乘论》《维摩诘经》,听者数千人。贞观年间奉诏来到长安大慈恩寺,与玄奘法师一起翻译佛经。他"与玄奘法师翻译校定梵本,兼充证义。奘师偏奖赏之,每有难文,同加参酌,新翻弗坠,因有力焉",其译经工作颇得玄奘法师赏识。擅长《涅槃经》《华严经》《大品般若经》《维摩诘经》《法华经》《楞伽经》等佛经,《十地经论》《地持论》《阿毗昙心论经》《大智度论》《摄大乘论》《对法论》《佛地经论》等佛教论著,以及《四分律》等律书,还为《摄大乘论》《维

---

① [宋]赞宁.宋高僧传[M].北京:中华书局,1987.

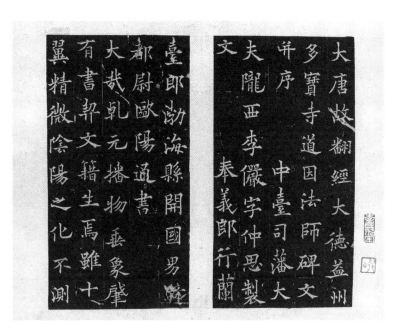

《道因法师碑》拓本（局部）

摩诘经》撰写章疏。显庆三年（658年）卒于长安慧日寺，世寿72岁。

第五节 怀素法师

怀素，生于唐武德七年（624年），俗姓范，为左武卫长史范强之子，南阳顺阳（今河南淅川县）人。其父因官迁居长安。怀素10岁出家，贞观十九年（645年）坚决请求拜玄奘法师为师，居于宏济寺。22岁时跟随道宣学习律学。咸亨元年（670年），发愿"别述开四分律记"。怀素根据古印度昙无德部的著作，提出以色法为戒体的理论依据。他钻研《四分律》，按一切有部的说法，以色法作为戒体，创立了新的宗派。因其住西太原寺东塔，故其所立宗派称为东塔宗，怀素也被称为东塔律宗始祖，与相部律宗的法砺律师、南山律宗的道宣律师并称。

怀素著述宏富，有《四分律开宗记》10卷（一说20卷），《俱舍论疏》15卷，《遗教经疏》2卷，《遗教经钞》3卷，《新疏拾遗钞》20卷，《开四分律拾遗钞》20卷，《四分僧尼羯磨文》2卷，《四分僧戒本》1卷，《四分尼戒本》1卷，等等。

第六节　善导法师

善导（613—681）是唐代净土宗实际的创始人，俗姓朱，临淄（在今山东淄博东）人，自幼投密州（今山东诸城）明胜法师出家，潜心研究佛学经典。贞观十五年（641年），赴并州（今山西太原）西河汶水石壁谷玄中寺，拜西河禅师道绰为师，学习《观无量寿佛经》。善导欣慕西方极乐世界，认为凡夫俗子乘着阿弥陀佛的本愿力，通过安心、起行和作业，能够往生极乐净土。

玄奘从大慈恩寺迁至西明寺、玉华寺译经后，善导曾到大慈恩寺弘扬过净土法门。唐永隆二年（681年），善导忽患微疾，溘然长逝。

善导法师画像

大慈恩寺为了纪念这位净土宗大师，在大慈恩寺立佛塔，由义成撰写塔铭，李振方书丹，称《唐慈恩寺善导禅师塔碑》。大中五年（851年），志遇又为之撰塔铭，并书之于碑，立于大慈恩寺内，称《唐慈恩寺善导和尚塔铭》。

善导撰有大量佛学著作，现存《观无量寿佛经疏》《往生礼赞偈》《净土法事赞》《般舟赞》《观念法门》5部9卷，为净土宗的重要依据。善导的著作对于发扬光大净土宗起到重要作用，也深深地影响了日本佛教，其《观经四帖疏》于8世纪时传入日本，流传甚广。后来，日本高僧法然据此创立了日本净土宗。善导、昙鸾、道绰被日本净土宗尊为三祖，其中善导被奉为高祖。

第七节　妙阔法师

长安告别国都时代后，长安佛教日渐衰微，大慈恩寺也随之衰败。直到20世纪二三十年代，西北佛教才慢慢呈现出复兴的势头。这一时期西安最著名的僧人当属妙阔法师。

妙阔法师俗家姓魏，名玉堂，法名慧福，号妙阔，山西五台县人。幼年家贫，父母早亡，寄养于舅父家中。10余岁时到五台县县城做了3年学徒，15岁始入私塾接受启蒙教育。后因病辍学，病中几度濒危，感到人生无常，因而产生了离俗出家的念头。1898年在山西赵城县千年古刹广胜寺落发出家。后在宁武县法华寺受戒。宣统年间入南京僧师范学堂学习。后考入上海华严大学，跟随月霞、应慈二法师学习贤首宗义。毕业后在江南参访名山大刹，聆听耆宿大德开示。

1921年，妙阔法师到汉口九莲寺华严大学授课。1922年，妙阔法师应陕西佛教界邀请，不远千里来到西安，在陕西佛教会宣讲《大乘起信论》，开近代外省法师在西安弘法之先例。讲经圆满结束后，陕西佛教界护法居士康寄遥、路禾父等挽留妙阔法师，请他出任大兴善寺住持。妙阔法师升座后，在西安佛教善信的支持下，重修殿宇，再整寺院，宣讲大乘经论，使大慈恩寺恢复为弘法道场。1928年到南京任教，后到上海宣讲《唯识二十颂》和《唯识三十颂》。1931年，妙阔法师回到陕西，先后在陕西佛化社、第一师范学校等处讲经弘法。同年12月，陕西佛学界成立慈恩学院，培养佛学人才，聘请妙阔法师担任慈恩宗副宗长及慈恩学院教学部主任。慈恩学院初设于大慈恩寺，后迁入兴教寺。

1941年，太虚法师命妙阔法师等人在大兴善寺成立世界佛学苑巴利三藏院，妙阔法师担任副院长，实际负责院务。同年，妙阔法师又当选陕西省佛教会理事长。1960年圆寂于长安县香积寺，世寿82岁。著有《因明疏钞》。

第六章 慈恩诗文

第一节 雁塔题名与雁塔诗会

随着佛教在中国的盛行，佛寺、佛塔也如雨后春笋，星罗棋布于华夏大地上。在佛教众多宗派祖庭所在地长安，分布着许多著名的寺庙，其中最著名的当属唐代皇家寺院大慈恩寺。大慈恩寺是法相宗祖庭，唐代长安三大译场之一。

永徽三年（652年），在大慈恩寺西院建造了五层砖塔大雁塔。武周长安年间（701—704）重修时，改建为七层楼阁式砖塔，一直保存至今。大雁塔是长安城的地标性建筑，当时的文人雅士都喜欢来此处游玩，题词赋诗，留下了大量歌颂大雁塔的诗篇；新科进士在杏园宴后，也会集体到大雁塔题名赋诗，雁塔题名是当时的文化盛事。

一、雁塔题名

大唐盛世，国力强盛，文化繁荣昌盛，科举制度得到了进一步的发展。科举考试结束后，新科进士除了戴花骑马遍游长安之外，还要雁塔登高，留诗题名，象征由此步步高升，平步青云，这在当时是很高的荣誉。正所谓"昔日龌龊不足夸，今朝放荡思无涯。春风得意马蹄疾，一日看尽长安花"①。"雁塔题

---

① [清] 彭定求，等. 全唐诗 [M]. 增订本. 北京：中华书局，1999.

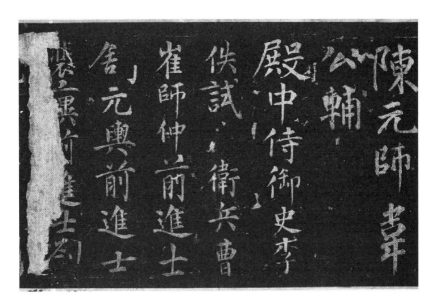

《雁塔题名碑》拓本（局部）

名"也慢慢变为进士及第的代名词。

大唐建立后，统治者非常重视文化发展，完善了始于隋代的科举制度。科举考试常设的科目有秀才、明经、俊士、进士、明法、明字、明算等，其中最受士子们认可的是明经和进士两科。明经科主要考儒家经典，进士科偏重于诗赋策问等，偏重于为治国建言献策。进士科是科举考试中最为尊贵的，进士及第对于读书人来说是最为荣耀的事情。《全唐诗》中说："三十老明经，五十少进士。"由此可知考中进士是多么艰难。

唐中宗神龙年间，进士张莒在大雁塔游玩时题字，成为第一个在大雁塔题名的人。唐韦绚《刘宾客嘉话录》中说："慈恩题名起自张莒，本于寺中闲游而题其同年，人因为故事。"张莒中进士大致在唐代宗大历九年（774年）。还有一种说法，认为第一个在大雁塔上题名的人是韦肇："韦肇初及第，偶于慈恩寺塔下题名，后进慕效之，遂成故事。"[1]韦肇的儿子韦贯之在唐德宗建中四年（783年）中进士，时年24岁，以韦肇及第比韦贯之早20年计，应在763年左右。[2]应该比张莒还要早一些。王定保在《唐摭言》中云："进士题名，自神龙之后，

---

[1] 见韦绚《刘宾客嘉话录》。
[2] 李裕民. 雁塔题名研究[J]. 长安大学学报，2010（2）：2.

过关宴后，率皆期集于慈恩塔下题名。"可见进士们集中在大雁塔上题名是在唐中宗神龙年之后。

雁塔题名的内容比较简单，同科进士在曲江杏园宴之后，相约来到大雁塔下，推选出一位年长且擅长书法的进士，用毛笔在墙壁上写下所有进士的姓名、郡望和及第时间，如"□□□冯潭、前进士胡□、前进士褚承裕、前进士张卫一、前进士陈嘏、前进士□复、前进士裴思，开成五年五月廿日同登"。雁塔题名是当时士人最向往的事情。也有些士子进士及第前就在此题名，只是在姓名前加上了"前"字。据《唐诗纪事校笺》记载："他时有将相，则朱书之，及第后知闻，或遇未及第时题名处，则为添'前'字。"当时有诗句"曾题名处添前字，送出城人乞旧诗"。如果题名者后来做到了卿相，还要将名字改为朱笔书写，以显示尊贵。

随着历史的变迁，雁塔题名已荡然无存，很重要的原因是人为破坏。唐武宗会昌三年（843年），以门荫入仕的李德裕官至宰相，因为他自己不是进士出身，所以很忌惮进士及第的人，于是下令取消曲江宴饮，并将大雁塔上的题名全部清理掉，"向之题名，各尽削去"。[1]这也是牛李党争在士人层面的体现。此外，大雁塔初建于高宗时，为五层砖塔；武则天时期坍塌后，重建为十层砖塔；但到五代初就只剩七层了。大雁塔本身的损毁对雁塔题名也有很大的损

《雁塔题名》雕塑

---

[1] 李裕民. 雁塔题名研究 [J]. 长安大学学报，2010（2）：2.

坏。使雁塔题名损毁最为严重的是五代后唐时对大雁塔的修葺，"五季寺废，惟雁塔岿然独存，有僧莲芳始葺新之，塔之内外，皆以涂墍，唐人题字，不可复见"。僧人莲芳重修大雁塔时，在塔的外围涂抹了一层泥，唐人的题字就再也看不到了。

直到北宋元丰年间，一场大火将大雁塔表皮烧裂，先贤的遗迹才得以重见天日。宋徽宗时，柳瑊任陕府西路转运判官，把五代时涂的墙泥去掉，请来书法家王正叔，名刻工李知常、李知本，按照原样摹拓，"分十卷，刻于塔之西南隅"[①]。可惜雁塔题名的石碑已佚失。

唐代以后，"雁塔题名"成为考中进士、金榜题名的代称，很多典籍、小说中都采用了这一名称。元曲大家郑光祖的《伊梅香骗翰林风月》第三折中有"你若是凤墀得志，雁塔题名，可早来呵"。清代文康的《儿女英雄传》第十二回中有"第一件事是劝你女婿读书上进，早早的雁塔题名"。

唐末，长安告别国都地位，但是雁塔题名却保留下来。宋元明清时，陕、甘两省乡试的举人也仿效唐进士的雅举在大雁塔题名。元明清定都北京，在太学外立碑供进士们题名。据《榆巢杂识》记载："自顺治丙戌、康熙戊戌，皆有题名碑。康熙五年，辅政大臣裁省其费，以后皆诸进士捐资立石。"这既是对唐人雁塔题名的传承，也是研究古代科举制度的重要史料。

二、雁塔诗会

在雁塔题名中，进士的题名数量并不多，大量的题名、题诗是当时的文人墨客游览、登塔时留下的。高似孙《纬略》卷五中云："塔屡遭火，断石遗字犹有存者，故哀其余字，镌之石，凡十卷，进士题名仅存数处，余皆唐贤游观留题耳。"

大雁塔所在的长安城东南，是长安城景色最优美的地方之一，历来就是皇家别苑所在地。秦代在此修建了宜春苑，汉代为宜春下苑，后又建乐游苑。宇文恺营建大兴城时在此凿芙蓉池，建芙蓉苑。唐玄宗时恢复曲江池的称呼，苑称芙蓉园，还引入浐水和黄渠，水量大幅增加。曲江池优美的自然景色，大雁塔浓厚的人文气息，使这里成为当时城南的名胜。它们定期对外开放，引来无

---

① 李裕民. 雁塔题名研究[J]. 长安大学学报, 2010（2）: 2.

数文人墨客。"关中八景"之一的"曲江流饮"就在此地。

新科进士及第后,朝廷在曲江赏赐关宴,又称"杏园宴"。进士们在此地临水抒怀,乘兴赋诗,按照古人曲水流觞的习俗,将酒杯放在水中,酒杯漂到谁的面前,谁就要畅饮此酒,并当场赋诗,众士人对诗赋进行评比,这就是"曲江流饮"。这项文坛盛会吸引了大量男女老幼前来观看。

大量文人墨客登临大雁塔,凭栏远眺,写下了众多歌颂大雁塔的诗词。杜甫、岑参、白居易、高适、刘禹锡、薛据、元稹、章八元、韦应物、卢宗回等诗词大家都在此抒发家国情怀,留下了经典诗篇。据统计,千百年来,登临大雁塔赋诗抒怀的诗人不计其数,留下来的诗作仅收集到的就有近千首之多。这种盛景被称为"雁塔诗会"。

雁塔诗会之所以能够成为当时的文学盛会,首先是因为统治阶层的力推。李治在大雁塔建成初期就曾赋诗曰:"停轩观福殿,游目眺皇畿。……"他当上皇帝后,再次拜谒大慈恩寺,写下了《谒大慈恩寺》一诗。每年九月初九重阳节,皇帝都要亲临大慈恩寺登高远眺,吟诗作赋。学士们则纷纷唱和,所作诗赋曾被编辑为40卷诗集,广为传诵。雁塔诗会一时蔚然成风。

大雁塔也是当时文人墨客以诗会友、畅游长安的必去之处。

天宝十一年(752年)秋,恰逢大雁塔建成100周年,杜甫与岑参、高适、薛据、储光羲等五人同登大雁塔。他们站在塔上极目远眺,巍巍秦岭矗立在眼前,曲江池、漕渠之水缓缓流过,长安城的美景尽收眼底。诗人们诗兴大发,当即赋诗。高适构思得最快,随即吟诵:"香界泯群有,浮图岂诸相。……"岑参不甘其后,吟唱:"塔势如涌出,孤高耸天宫。……"随后,储光羲也吟诵出自己的诗句:"金祠起真宇,直上青云垂。……""冠上阊阖开,履下鸿雁飞。……"杜甫用时最长,最后才完成,但一开口就震惊全场,语出惊人:"高标跨苍穹,烈风无时休。……"120字的五言长诗一气呵成。杜甫的诗句不仅称赞了大雁塔的高耸壮丽,也反映出他对时局的分析和忧国忧民的情怀,因而在五人诗会中略胜一筹。

诗人白居易也经常游览大雁塔,他与好友元稹还有一段关于大雁塔的奇闻逸事。唐宪宗元和四年(809年),白居易与好友李杓直、弟弟白行简同游

白居易画像

曲江后登临大雁塔,开怀畅饮。席间白居易突然停杯投箸,怅然若失。同行之人问他怎么了,他说他思念离开长安的元稹,不免伤怀,说道:"元稹此时应该到梁州了,实在让人挂念啊!"便挥笔在白墙上题下《同李十一醉忆元九》:"花时同醉破春愁,醉折花枝作酒筹。忽忆故人天际去,计程今日到梁州。"元稹当时刚好走到梁州,夜晚梦见他和白居易一行人一同游览曲江,醒来后便写下了《梁州梦》:"梦君同绕曲江头,也向慈恩院院游。亭吏呼人排去马,忽惊身在古梁州。"他命人快马加鞭将写好的诗句送回长安,交给白居易。白居易收到元稹的书信后惊叹不已,因为他们游览曲江和大雁塔的时候,元稹正在梦中游大雁塔。白行简专门作《三梦记》记录了此事。这在当时也被传为一段佳话,反映出白居易和元稹的深厚友情。

第二节 大慈恩寺历代诗词曲选

自大慈恩寺和大雁塔修建以来,文人墨客常常三五成群一同游览,并即兴赋诗,留下了大量歌颂大慈恩寺和大雁塔的诗篇。其中,唐人留下的诗篇最多,《全唐诗》中涉及大慈恩寺、大雁塔的诗有 100 余首,还为大慈恩寺沙门单列了一卷(《全唐诗》第 851 卷)。在大慈恩寺和大雁塔留下诗篇最多的诗人当属白居易,有《三月三十日题慈恩寺》《酬元员外三月三十日慈恩寺相忆见寄》《赠昙禅师》《慈恩寺有感》等。

唐人有关大慈恩寺和大雁塔的诗篇以写景抒情为主,宋、元、明、清时期的相关诗词以歌颂雁塔题名为主。《全宋诗》《全宋词》《全元杂剧》《全元南戏》《全元散曲》里有大量涉及大雁塔的诗、词、曲,其中的"雁塔"与"蟾宫"一样,都是科举入仕、进士及第的象征。

《全唐诗》书影

《全宋词》书影

大慈恩寺诗碑

九月九日上幸慈恩寺登浮图，群臣上菊花寿酒

[唐] 上官昭容

帝里重阳节，香园万乘来。却邪萸入佩，献寿菊传杯。
塔类承天涌，门疑待佛开。睿词悬日月，长得仰昭回。

奉和过慈恩寺应制

[唐] 许敬宗

凤阙邻金地，龙旂拂宝台。云楣将叶并，风牖送花来。
月宫清晚桂，虹梁绚早梅。梵境留宸瞩，掞发丽天才。

奉和九月九日登慈恩寺浮图应制

[唐] 崔日用

紫宸欢每洽，绀殿法初隆。菊泛延龄酒，兰吹解愠风。
咸英调正乐，香梵遍秋空。临幸浮天瑞，重阳日再中。

奉和九月九日登慈恩寺浮屠应制

[唐] 宋之问

凤刹侵云半，虹旌倚日边。散花多宝塔，张乐布金田。
时菊芳仙醖，秋兰动睿篇。香街稍欲晚，清跸扈归天。

奉和九日登慈恩寺浮图应制

[唐] 宋之问

瑞塔千寻起，仙舆九日来。蕊房陈宝席，菊蕊散花台。
御气鹏霄近，升高凤野开。天歌将梵乐，空里共裴回。

奉和九月九日圣制登慈恩寺浮图应制

[唐] 刘宪

飞塔云霄半,清晨羽旆游。登临凭季月,寥廓见中州。
御酒新寒退,天文瑞景留。辟邪将献寿,兹日奉千秋。

奉和九月九日登慈恩寺浮图应制

[唐] 卢藏用

化塔龙山起,中天凤辇迁。彩旒牵画刹,杂佩冒香荚。
宝叶擎千座,金英渍百盂。秋云飘圣藻,霄极捧连珠。

奉和九月九日登慈恩寺浮屠应制

[唐] 岑羲

宝台耸天外,玉辇步云端。日丽重阳景,风摇季月寒。
梵堂遥集雁,帝乐近翔鸾。愿献延龄酒,长承湛露欢。

慈恩寺九日应制

[唐] 薛稷

宝宫星宿劫,香塔鬼神功。王游盛尘外,睿览出区中。
日宇开初景,天词掩大风。微臣谢时菊,薄采入芳丛。

奉和九月九日登慈恩寺浮图应制

[唐] 马怀素

季月启重阳,金舆陟宝坊。御旗横日道,仙塔俨云庄。
帝跸千官从,乾词七曜光。顾惭文墨职,无以颂时康。

奉和圣制同皇太子游慈恩寺应制

[唐]沈佺期

肃肃莲花界,荧荧贝叶宫。金人来梦里,白马出城中。涌塔初从地,焚香欲遍空。天歌应春籥,非是为春风。

奉和九月九日登慈恩寺浮屠应制

[唐]赵彦昭

出豫乘秋节,登高陟梵宫。皇心满尘界,佛迹现虚空。日月宜长寿,人天得大通。喜闻题宝偈,受记莫由同。

奉和九月九日登慈恩寺浮图应制

[唐]萧至忠

天跸三乘启,星舆六辔行。登高凌宝塔,极目遍王城。神卫空中绕,仙歌云外清。重阳千万寿,率舞颂升平。

奉和九月九日登慈恩寺浮图应制

[唐]李迥秀

沙界人王塔,金绳梵帝游。言从祇树赏,行玩菊丛秋。御酒调甘露,天花拂彩旒。尧年将佛日,同此庆时休。

奉和九月九日登慈恩寺浮图应制

[唐]杨廉

万乘临真境,重阳眺远空。慈云浮雁塔,定水映龙宫。宝铎含飙响,仙轮带日红。天文将瑞色,辉焕满寰中。

奉和九月九日登慈恩寺浮图应制

[唐] 辛替否

洪慈均动植，至德俯深玄。出豫从初地，登高适梵天。
白云飞御藻，慧日暖皇编。别有秋原蓂，长倾雨露缘。

奉和九月九日登慈恩寺浮图应制

[唐] 王景

玉辇移中禁，珠梯览四禅。重阶清汉接，飞甍紫霄悬。
缀叶披天藻，吹花散御筵。无因鋈跸暇，俱舞鹤林前。

奉和九月九日登慈恩寺浮图应制

[唐] 毕乾泰

鹫林花塔启，凤辇顺时游。重九昭皇庆，大千扬帝休。
耆阇妙法阐，王舍睿文流。至德覃无极，小臣歌讵酬。

奉和九月九日登慈恩寺浮图应制

[唐] 麹瞻

扈跸游玄地，陪仙瞰紫微。似迈锞衣劫，将同羽化飞。
雕戈秋日丽，宝剑晓霜霏。献觞乘菊序，长愿奉天晖。

奉和九月九日登慈恩寺浮图应制

[唐] 樊忱

净境重阳节，仙游万乘来。插萸登鹫岭，把菊坐蜂台。
十地祥云合，三天瑞景开。秋风词更远，窃抃乐康哉。

奉和九月九日登慈恩寺浮图应制

[唐]孙佺

应节荝房满,初寒菊圃新。龙旗焕辰极,凤驾俨香闉。
莲井偏宜夏,梅梁更若春。一忻陪雁塔,还似得天身。

奉和九月九日登慈恩寺浮图应制

[唐]李从远

九月从时豫,三乘为法开。中宵日天子,半座宝如来。
摘果珠盘献,攀荝玉辇回。愿将尘露点,遥奉光明台。

奉和九月九日登慈恩寺浮图应制

[唐]周利用

山豫乘金节,飞文焕日宫。荝房开圣酒,杏苑被玄功。
塔向三天迥,禅收八解空。叨恩奉兰藉,终愧洽薰风。

奉和九月九日登慈恩寺浮图应制

[唐]张景源

飞塔凌霄起,宸游一届焉。金壶新泛菊,宝座即披莲。
就日摇香辇,凭云出梵天。祥氛与佳色,相伴杂炉烟。

奉和九月九日登慈恩寺浮图应制

[唐]李恒

宝地邻丹掖,香台瞰碧云。河山天外出,城阙树中分。
睿藻兰英秀,仙杯菊蕊薰。愿将今日乐,长奉圣明君。

奉和九月九日登慈恩寺浮图应制

[唐] 张锡

九秋霜景净,千门晓望通。仙游光御路,瑞塔迥凌空。
菊彩扬尧日,萸香绕舜风。天文丽辰象,窃抃仰层穹。

奉和九月九日登慈恩寺浮图应制

[唐] 解琬

瑞塔临初地,金舆幸上方。空边有清净,觉处无馨香。
雨霁微尘敛,风秋定水凉。兹辰采仙菊,荐寿庆重阳。

奉和九月九日登慈恩寺浮图应制

[唐] 郑愔

涌霄开宝塔,倒影驻仙舆。雁子乘堂处,龙王起藏初。
秋风圣主曲,佳气史官书。愿献重阳寿,承欢万岁余。

同诸公登慈恩寺塔

[唐] 储光羲

金祠起真宇,直上青云垂。地静我亦闲,登之秋清时。
苍芜宜春苑,片碧昆明池。谁道天汉高,逍遥方在兹。
虚形宾太极,携手行翠微。雷雨傍杳冥,鬼神中蹜踖。
灵变在倏忽,莫能穷天涯。冠上阊阖开,履下鸿雁飞。
宫室低逦迤,群山小参差。俯仰宇宙空,庶随了义归。
崱屴非大厦,久居亦以危。

慈恩伽蓝清会

[唐] 韦应物

素友俱薄世，屡招清景赏。鸣钟悟音闻，宿昔心已往。
重门相洞达，高宇亦遐朗。岚岭晓城分，清阴夏条长。
氲氛芳台馥，萧散竹池广。平荷随波泛，回飙激林响。
蔬食遵道侣，泊怀遗滞想。何彼尘昏人，区区在天壤。

与高适薛据登慈恩寺浮图

[唐] 岑参

塔势如涌出，孤高耸天宫。登临出世界，磴道盘虚空。
突兀压神州，峥嵘如鬼工。四角碍白日，七层摩苍穹。
下窥指高鸟，俯听闻惊风。连山若波涛，奔凑似朝东。
青槐夹驰道，宫馆何玲珑。秋色从西来，苍然满关中。
五陵北原上，万古青濛濛。净理了可悟，胜因夙所宗。
誓将挂冠去，觉道资无穷。

同诸公登慈恩寺塔

[唐] 杜甫

时高适、薛据先有此作。按，寺乃高宗在东宫时为文德皇后立，故名慈恩。

高标跨苍穹，烈风无时休。自非旷士怀，登兹翻百忧。
方知象教力，足可追冥搜。仰穿龙蛇窟，始出枝撑幽。
七星在北户，河汉声西流。羲和鞭白日，少昊行清秋。
秦山忽破碎，泾渭不可求。俯视但一气，焉能辨皇州。
回首叫虞舜，苍梧云正愁。惜哉瑶池饮，日晏昆仑丘。
黄鹄去不息，哀鸣何所投。君看随阳雁，各有稻粱谋。

春日游慈恩寺寄畅当

[唐] 耿㵘

浮世今何事,空门此谛真。死生俱是梦,哀乐讵关身。
远草光连水,春篁色离尘。当从庚中庶,诗客更何人。

慈恩寺残春

[唐] 耿㵘

双林花已尽,叶色占残芳。若问同游客,高年最断肠。

慈恩寺石磬歌

[唐] 卢纶

灵山石磬生海西,海涛平处与山齐。
长眉老僧同佛力,咒使鲛人往求得。
珠穴沉成绿浪痕,天衣拂尽苍苔色。
星汉徘徊山有风,禅翁静扣月明中。
群仙下云龙出水,鸾鹤交飞半空里。
山精木魅不可听,落叶秋砧一时起。
花宫杳杳响泠泠,无数沙门昏梦醒。
古廊灯下见行道,疏林池边闻诵经。
徒壮洪钟秘高阁,万金费尽工雕凿。
岂如全质挂青松,数叶残云一片峰。
吾师宝之寿中国,愿同劫石无终极。

同钱郎中晚春过慈恩寺

[唐] 卢纶

不见僧中旧,仍逢雨后春。惜花将爱寺,俱是白头人。

同崔峒补阙慈恩寺避暑

[唐] 卢纶

寺凉高树合，卧石绿阴中。伴鹤惭仙侣，依僧学老翁。
鱼沉荷叶露，鸟散竹林风。始悟尘居者，应将火宅同。

慈恩寺怀旧并序

[唐] 李端

余去夏五月，与耿湋、司空文明、吉中孚同陪故考功王员外，来游此寺。员外，相国之子，雅有才称，遂赋五物，俾君子射而歌之。其一曰凌霄花，公实赋焉，因次诸屋壁以识其会。今夏，又与二三子游集于斯，流涕语旧。既而携手入院，值凌霄更花，遗文在目，良友逝矣，伤心如何。陆机所谓同宴一室，盖痛此也。观者必不以秩位不侔，则契分曾厚，词理不至，则悲哀在中。因赋首篇，故书之。

去者不可忆，旧游相见时。凌霄徒更发，非是看花期。
倚玉交文友，登龙年月久。东阁许联床，西郊亦携手。
彼苍何暧昧，薄劣翻居后。重入远师溪，谁尝陶令酒。
伊昔会禅宫，容辉在眼中。篮舆来问道，玉柄解谈空。
孔席亡颜子，僧堂失谢公。遗文一书壁，新竹再移丛。
始聚终成散，朝欢暮不同。春霞方照日，夜烛忽迎风。
蚁斗声犹在，鸮灾道已穷。问天应默默，归宅太匆匆。
凄其履还路，莽苍云林暮。九陌似无人，五陵空有雾。
缅怀山阳笛，永恨平原赋。错莫过门栏，分明识行路。
上智本全真，郄公况重臣。唯应抚灵运，暂是忆嘉宾。
存信松犹小，缄哀草尚新。鲤庭埋玉树，那忍见门人。

慈恩寺暕上人房招耿拾遗

[唐] 李端

悠然对惠远，共结故山期。汲井树阴下，闭门亭午时。
地闲花落厚，石浅水流迟。愿与神仙客，同来事本师。

同苗发慈恩寺避暑

[唐] 李端

追凉寻宝刹,畏日望璇题。卧草同鸳侣,临池似虎溪。
树闲人迹外,山晚鸟行西。若问无心法,莲花隔淤泥。

残莺百啭歌同王员外耿拾遗吉中孚李端游慈恩各赋一物

[唐] 司空曙

残莺一何怨,百啭相寻续。始辨下将高,稍分长复促。
绵蛮巧状语,机节终如曲。野客赏应迟,幽僧闻讵足。
禅斋深树夏阴清,零落空余三两声。金谷筝中传不似,山阳笛里写难成。
忆昨乱啼无远近,晴宫晓色偏相引。送暖初随柳色来,辞芳暗逐花枝尽。
歌残莺,歌残莺,悠然万感生。谢朓羁怀方一听,何郎闲吟本多情。
乃知众鸟非俦比,暮噪晨鸣倦人耳。共爱奇音那可亲,年年出谷待新春。
此时断绝为君惜,明日玄蝉催发白。

慈恩寺起上人院

[唐] 武元衡

禅堂支许同,清论道源穷。起灭秋云尽,虚无夕霭空。
池澄山倒影,林动叶翻风。他日焚香待,还来礼惠聪。

奉和许阁老霁后慈恩寺杏园看花同用花字口号

[唐] 权德舆

杏林微雨霁,灼灼满瑶华。左掖期先至,中园景未斜。
含毫歌白雪,藉草醉流霞。独限金闺籍,支颐啜茗花。

和李中丞慈恩寺清上人院牡丹花歌

[唐] 权德舆

澹荡韶光三月中,牡丹偏自占春风。
时过宝地寻香径,已见新花出故丛。
曲水亭西杏园北,浓芳深院红霞色。
擢秀全胜珠树林,结根幸在青莲域。
艳蕊鲜房次第开,含烟洗露照苍苔。
庞眉倚杖禅僧起,轻翅萦枝舞蝶来。
独坐南台时共美,闲行古刹情何已。
花间一曲奏阳春,应为芬芳比君子。

和郑少师相公题慈恩寺禅院

[唐] 杨巨源

旧寺长桐孙,朝天是圣恩。谢公诗更老,萧傅道方尊。
白法知深得,苍生要重论。若为将此望,心地向空门。

早秋登慈恩寺塔

[唐] 欧阳詹

宝塔过千仞,登临尽四维。毫端分马颊,墨点辨蛾眉。
地迥风弥紧,天长日久迟。因高欲有赋,远意惨生悲。

三月三十日题慈恩寺

[唐] 白居易

慈恩春色今朝尽,尽日裴回倚寺门。
惆怅春归留不得,紫藤花下渐黄昏。

慈恩寺有感

［唐］白居易

自问有何惆怅事，寺门临入却迟回。
李家哭泣元家病，柿叶红时独自来。

曲江亭望慈恩寺杏园花发

［唐］李君何

春晴凭水轩，仙杏发南园。开蕊风初晓，浮香景欲暄。
光华临御陌，色相对空门。野雪遥添净，山烟近借繁。
地闲分鹿苑，景胜类桃源。况值新晴日，芳枝度彩鸳。

曲江亭望慈恩寺杏园花发

［唐］周弘亮

江亭闲望处，远近见秦源。古寺迟春景，新花发杏园。
萼中轻蕊密，枝上素姿繁。拂雨云初起，含风雪欲翻。
容辉明十地，香气遍千门。愿莫随桃李，芳菲不为言。

曲江亭望慈恩寺杏园花发

［唐］陈翥

曲江晴望好，近接梵王家。十亩开金地，千林发杏花。
映云犹误雪，煦日欲成霞。紫陌传香远，红泉落影斜。
园中春尚早，亭上路非赊。芳景堪游处，其如惜物华。

曲江亭望慈恩寺杏园花发

[唐] 曹著

渚亭临净域，凭望一开轩。晚日分初地，东风发杏园。
异香飘九陌，丽色映千门。照灼瑶华散，葳蕤玉露繁。
未教游妓折，乍听早莺喧。谁复争桃李，含芳自不言。

登长安慈恩寺塔

[唐] 卢宗回

东方晓日上翔鸾，西转苍龙拂露盘。
渭水寒光摇藻井，玉峰晴色上朱阑。
九重宫阙参差见，百二山河表里观。
暂辍去蓬悲不定，一凭金界望长安。

观花后游慈恩寺

[唐] 施肩吾

世事知难了，应须问苦空。羞将看花眼，来入梵王宫。

送狄兼谟下第归故山

[唐] 姚合

慈恩塔上名，昨日败垂成。赁舍应无直，居山岂钓声。
半年犹小隐，数日得闲行。映竹窥猿剧，寻云探鹤情。
爱花高酒户，煮药污茶铛。莫便多时住，烟霄路在城。

春日游慈恩寺

[唐] 姚合

年长归何处,青山未有家。赏春无酒饮,多看寺中花。

慈恩寺避暑

[唐] 李远

香荷疑散麝,风铎似调琴。不觉清凉晚,归人满柳阴。

晚投慈恩寺呈俊上人

[唐] 许浑

双岩泻一川,十里绝人烟。古庙阴风地,寒钟暮雨天。沙虚留虎迹,水滑带龙涎。不及曹溪侣,空林已夜禅。

晚游慈恩寺

[唐] 刘得仁

寺去幽居近,每来因采薇。伴僧行不困,临水语忘归。磬动青林晚,人惊白鹭飞。堪嗟浮俗事,皆与道相违。

晚步曲江因谒慈恩寺恭上人

[唐] 刘得仁

岂曰趣名者,年年待命通。坐令青嶂上,兴起白云中。岸浸如天水,林含似雨风。南宗犹有碍,西寺问恭公。

夏日游慈恩寺

[唐] 刘得仁

何处消长日,慈恩精舍频。僧高容野客,树密绝嚣尘。
闲上凌虚塔,相逢避暑人。却愁归去路,马迹并车轮。

慈恩寺塔下避暑

[唐] 刘得仁

古松凌巨塔,修竹映空廊。竟日闻虚籁,深山只此凉。
僧真生我静,水淡发茶香。坐久东楼望,钟声振夕阳。

宿慈恩寺郁公房

[唐] 贾岛

病身来寄宿,自扫一床闲。反照临江磬,新秋过雨山。
竹阴移冷月,荷气带禅关。独住天台意,方从内请还。

寄慈恩寺郁上人

[唐] 贾岛

中秋期夕望,虚室省相容。北斗生清漏,南山出碧重。
露寒鸠宿竹,鸿过月圆钟。此夜情应切,衡阳旧住峰。

秋宿慈恩寺遂上人院

[唐] 李频

满阁终南色,清宵独倚栏。风高斜汉动,叶下曲江寒。
帝里求名老,空门见性难。吾师无一事,不似在长安。

题慈恩寺元遂上人院

[唐] 许棠

竹槛匝回廊，城中似外方。月云开作片，枝鸟立成行。
径接河源润，庭容塔影凉。天台频去说，谁占最高房。

登慈恩寺塔

[唐] 张乔

窗户几层风，清凉碧落中。世人来往别，烟景古今同。
列岫横秦断，长河极塞空。斜阳越乡思，天末见归鸿。

题慈恩寺默公院

[唐] 郑谷

虽近曲江居古寺，旧山终忆九华峰。
春来老病厌迎送，剪却牡丹栽野松。

慈恩寺偶题

[唐] 郑谷

往事悠悠添浩叹，劳生扰扰竟何能。
故山岁晚不归去，高塔晴来独自登。
林下听经秋苑鹿，江边扫叶夕阳僧。
吟余却起双峰念，曾看庵西瀑布冰。

慈恩寺贻楚霄上人

[唐] 曹松

在秦生楚思，波浪接禅关。塔碍高林鸟，窗开白日山。
树阴移草上，岸色透庭间。入内谈经彻，空携讲疏还。

慈恩寺东楼

[唐] 曹松

寺楼凉出竹,非与曲江赊。野火流穿苑,秦山叠入巴。
风梢离众叶,岸角积虚沙。此地钟声近,令人思未涯。

题慈恩友人房

[唐] 李洞

贾生耽此寺,胜事入诗多。鹤宿星千树,僧归烧一坡。
塔棱垂雪水,江色映茶锅。长久堪栖息,休言忆镜波。

秋日同觉公上人眺慈恩塔六韵

[唐] 李洞

九级笋莲宫,晴登袖拂虹。房廊窥井底,世界出笼中。
照牖三山火,吹铃八极风。细闻槎客语,遥辨海鱼冲。
禁静声连北,江寒影在东。谒师开秘锁,尘日闭虚空。

和御制游慈恩寺

[唐] 慈恩寺沙门

皇风扇祇树,至德茂禅林。仙华曜日彩,神幡曳远阴。
绮殿笼霞影,飞阁出云心。细草希慈泽,恩光重更深。

和九月九日登慈恩寺浮图应制

[唐] 赵彦伯

出豫垂佳节,凭高陟梵宫。皇心满尘界,佛迹现虚空。
日月宜长寿,天人得大通。喜闻题宝偈,受记莫由同。

题慈恩寺塔

[唐] 章八元①

十层突兀在虚空,四十门开面面风。
却怪鸟飞平地上,自惊人语半天中。
回梯暗踏如穿洞,绝顶初攀似出笼。
落日凤城佳气合,满城春树雨濛濛。

元和五年予官不了罚俸西归三月六日至陕府与吴十一兄端公崔二十二院长思怆曩游因投五十韵

[唐] 元稹

小年闲爱春,认得春风意。未有花草时,先酿晓窗睡。
霞朝澹云色,霁景牵诗思。渐到柳枝头,川光始明媚。
长安车马客,倾心奉权贵。昼夜尘土中,那言早春至。
此时我独游,我游有伦次。闲行曲江岸,便宿慈恩寺。
扣林引寒龟,疏丛出幽翠。凌晨过杏园,晓露凝芳气。
初阳好明净,嫩树怜低庳。排房似缀珠,欲啼红脸泪。
新莺语娇小,浅水光流利。冷饮空腹杯,因成日高醉。
酒醒闻饭钟,随僧受遗施。餐罢还复游,过从上文记。
……

酬元员外三月三十日慈恩寺相忆见寄

[唐] 白居易

怅望慈恩三月尽,紫桐花落鸟关关。
诚知曲水春相忆,其奈长沙老未还。

---

① 章八元为唐代宗大历六年(771 年)进士。

赤岭猿声催白首，黄茅瘴色换朱颜。
谁言南国无霜雪，尽在愁人鬓发间。

送慈恩寺霄韵法师谒太原李司空

[唐] 贾岛

何故谒司空，云山知几重。碛遥来雁尽，雪急去僧逢。
清磬先寒角，禅灯彻晓烽。旧房闲片石，倚著最高松。

礼慈恩寺题诗

[宋] 吕大防

玄奘译经垂千秋，慈恩古刹闻九州。
雁塔巍然立大地，曲江陂头流饮酒。

登慈恩寺雁塔怀汴京

[宋] 蔡榷

四面八方风韵悠，南山秦岭竞深秋。
紫微星隐将临顶，黄菊花开未解眸。
叠叠燕台迷蓟羯，层层雁塔却幽州。
汴梁已有兴邦志，为爱东楼难得收。

代赵信甫千人助冬衣

[宋] 陈著

忆昔浑家衣天香，翩翩风流公子裳。
蟾宫步武云送上，雁塔姓名星摇芒。
绿袍照眼初意锐，青毡入手前路长。
谁知焦鹿成夜梦，日与蓬鹍争时光。
累累鹄形走山谷，战战茧足履冰霜。

貂裘已弊有嫂轻季子，牛衣虽泣无妻问王章。

悬鹑襦裯不投俗，扪虱勃窣徒谈王。

岂不欲美补衮居峻地，岂不欲着锦绣归故乡。

顾瞻外饰至此面自赭模索中襟凄其汗如滂。

况今玄冥令凛冽，难犯赤立身支当。

彼狨鞍宝马重狐貉，彼毳茵绣帐双鸳鸯。

或锦步障五十里，或金缕衣十二行。

与富贵家自择伴，如衰飒辈难登堂。

老者衣帛盍早计，大寒索裘真痴忙。

缙绅遗绪惨莫继，章缝本色终难忘。

从来固多急义谱，今亦何敢浅识量。

君不见履常长贫至冻死，絮袄不具有识空悲伤。

又不见范叔一寒如此极，绨袍之恋千载犹芬芳。

吴下同年会诗次袁说友韵

［宋］成钦亮

雁塔从游叹久违，盍簪话旧一何稀。

鹏程暂驻皇华重，鱼队欣逢渌水依。

诗倡珠玑跳月峡，酒行杯斝湿春晖。

吴门盛事彰施了，两两台星挟诏飞。

赣州明府杨同年挽歌词二首（其二）

［宋］范成大

忆昔龙门化，曾容雁塔陪。逡巡九闱过，迢递一书来。

未报错刀赠，惊传丹旐回。辰阳隔江渚，空些楚词哀。

送许耀卿监丞同年赴静江倅四绝（其三）

[宋]范成大

雁塔交亲比断金，故人岁晚更情深。
只今不隔同年面，想见青云异日心。

送陈景明尚书赴召四首（其三）

[宋]黄公度

雁塔相先后，麟台数往还。至今清夜梦，时共早朝班。
岁月栖迟里，云泥指顾间。天涯瞻马首，喜气动衰颜。

西湖会同年和巫子先韵

[宋]黄公度

一鹗独立鸟群空，寂寞谁怜汉阁雄。
雁塔他年曾接武，乌台今日自生风。
平湖入座摇寒碧，返照催人堕晚红。
目断禁城骢马客，何时谭笑一尊同。

王大卿挽诗

[宋]姜特立

少年登雁塔，晚岁列鹓行。贾傅心忧汉，宣公疏奏唐。
细毡亲沃日，白简旧凝霜。才大施犹狭，清名玉雪扬。

送陈尉别二首（其一）

[宋]李吕

奕世雄题雁塔名，于今父子自师生。

词场鱼贯真无敌,庆事蝉联尽有声。

雅兴莫追吴市隐,横飞端继紫微明。

从来患盗惊邻里,且喜三年鼓不鸣。

知郡韩公挽诗二首(其二)

[宋] 李弥逊

雁塔联名旧,盐车得路先。凌云曾诵赋,纵壑愿推贤。

继剖龙溪竹,同归象骨田。伤心老盘谷,谁与序山川。

赠刘舍人次德裕弟韵

[宋] 林季仲

雁塔联名记昔年,天涯一见破衰颜。

人言巧宦何曾巧,我欲闲居未得闲。

弱植自怜葭倚树,雄文才许管窥斑。

明公旧有经纶手,今日宁当缩袖间。

赠上封诸老

[宋] 林用中

上封台观静,夕霁景偏清。月下闻禅语,风中有磬声。

龙池留古迹,雁塔寄余情。借问房前树,东窗忽偃生。

鹿鸣燕诗送诸进士

[宋] 刘子翚

讲艺欣闻暂息兵,槐花秋晚诏群英。

胡尘不隔蟾宫路,镜水初题雁塔名。

礼盛邦侯开宴豆,道隆乡老萃簪缨。

更期妙手皆穿的,荐士吴僚亦与荣。

方兴化挽词（其二）

[宋] 楼钥

雁塔深论契，鹓班试著行。参亡闻易箦，越吊后除丧。
支郡难留邓，佳城久梦方。吁嗟德浮位，回施与诸郎。

送曾无玷寺丞守池阳

[宋] 楼钥

……
迩来骡川族，骎骎著簪缨。春风雁塔中，参差见姓名。
君才素颖出，健笔泛纵横。江右两壮县，谈笑政已成。
……

唐舍人挽词（其一）

[宋] 楼钥

雁塔名三世，螭蚴侍九重。循循仪学馆，谔谔著囊封。
至性悲三釜，高怀薄万钟。典刑伤不见，衰涕忽无从。

送建康知录操襟兄

[宋] 马廷鸾

虎鞯尚落诸贤后，雁塔谁知几榜前。
尽向心田宽地步，却将官职信天缘。
难忘旧日钟山阁，易趁东风上水船。
王谢诸人英烈在，问今何策可筹边。

挽宋邑宰

［宋］史尧弼

充宇蝇头字，寒更豹体膏。当时书雁塔，晚岁试牛刀。
便作泉台去，难酬雪案劳。凤雏家学在，飞鸞看秋高。

吴下同年会诗

［宋］唐子寿

人生会少足睽违，尊酒相从又复稀。
我欢散材谁见数，公持华节幸相依。
题名雁塔思当日，曳屣龙门借夕晖。
会见十行来日下，禁涂高处看横飞。

挽云屋徐侍郎

［宋］王义山

雁塔题名墨尚鲜，九州四海此同年。
故人直上青云路，凡俗那能白骨仙。
不善巧图真个拙，只因方处久些圆。
万钟不博箪瓢乐，有命何如有性焉。

边公式周表卿侍郎同年会

［宋］王之道

侍郎修好燕群公，雁塔题名二纪同。
谈笑静移杨柳日，杯盘清泛芰荷风。
鹏抟竞祝三旌贵，鲸吸相期百榼空。
此会明年应更好，马周行亦起新丰。

再和制帅

[宋]王之望

羁怀感慨少多违，世路迍邅老更迷。
松槚十年乖种植，妻孥万里困携提。
龙门偶幸余光借，雁塔曾同伯氏题。
拥彗只今知不晚，曹装犹未去三齐。

送侄赴廷试（其二）

[宋]吴芾

昔年三榜偶联荣，人道吾家好弟兄。
更喜鸰原俱有子，还来雁塔再题名。
衰宗正恐儒风坠，晚景那知好事并。
老子已为归去计，从今看汝奋鹏程。

喜王虞部赐进士及第

[宋]杨亿

中台高应列星文，千骑骎骎拥画轮。
起草已夸双笔健，登科更占一枝春。
龙津召宴芝泥湿，雁塔题名麝墨新。
只待甘泉重奏赋，影缨长奉属车尘。

裴园小集郑汝谐同年有诗次韵奉酬

[宋]喻良能

慈恩雁塔题名处，回首端如梦寐中。
千里远从当日别，一樽重喜此时同。
飞腾我久钦公辈，潦倒君当恕此翁。
异日尚期尘史册，事功那敢废磨砻。

挽县尉陈元圭

［宋］喻良能

平生自负气雄豪，落笔文词涌怒涛。
蚤岁贤关几雁塔，暮年花县未牛刀。
凛然风义谁能并，伟甚衣冠众所高。
我欲临风新执绋，忍于绘事看青袍。

廉州何使君挽诗二首（其一）

［宋］张栻

橘井登贤籍，槐宫并俊游。姓名题雁塔，文字上瀛洲。
青简穷千载，朱轓但一州。有怀终未试，眼看落山丘。

集英殿立侍观进士唱名六首（其五）

［宋］张镃

先世亲题雁塔名，宦途漂泊最关情。
难将此语逢人举，归问寒斋旧短檠。

送同年李教秩满归闽

［宋］赵汝鐩

雁塔同题久，相看两鬓皤。功名皆分定，安乐直钱多。
绛帐归来后，青山住得么。时流推老笔，册府欠编摩。

吴下同年会诗

［宋］赵彦瑷

引睇龙门念久违，自题雁塔会何稀。

奔驰莲幕只甘分,只尺星台喜有依。
拱侍尊罍陪盛事,仰瞻刑政焕清晖。
我公自有回天力,入佐明君看一飞。

吴下同年会诗

[宋]赵彦卫

雁塔寻盟信不违,二星联璧世间稀。
高情念旧何其厚,□客亲仁得所依。
节操刚方范孟博,□□醖藉谢玄晖。
沙堤已筑催归骑,怪底朝来喜鹊飞。

上孟郡王生辰三首(其三)

[宋]仲并

月挂微弦天未霜,初筵遽作十分凉。
饱参平日安心法,自是长年却老方。
诏下龙墀思旧德,名标雁塔看诸郎。
殷勤为采瀼潭菊,满泛西风岁岁觞。

送王时亨舍人帅蜀诗二首(其二)

[宋]周麟之

一从雁塔缀英游,又见功名得志秋。
丹阙万人窥榜眼,碧幢千骑拥遨头。
锦城日暖惸鳌舞,玉垒烟深铠仗收。
它日中和闻善政,一琴宁复久淹留。

醉花阴·姓名未勒慈恩寺

[宋]陈亮

姓名未勒慈恩寺。谁作山林意。杯酒且同欢，不许时人，轻料吾曹事。

可怜风月于人媚。那对花前醉。珍重主人情，闻说当年，宴出红妆妓。

喜迁莺慢·鹿鸣宴作

[宋]张元幹

雁塔题名，宝津盼宴，盛事簪绅常说。文物昭融，圣代搜罗，千里争趋丹阙。元侯劝驾，乡老献书，发轫龟前列。山川秀，圜冠众多，无如闽越豪杰。

姓标红纸，帖报泥金，喜信归来俱捷。骄马芦鞭醉垂，蓝绶吹雪。芳月素娥情厚，桂花一任郎君折。须满引，南台又是，合沙时节。

满庭芳·气吐虹霓

[宋]张宰

气吐虹霓，笔飞鸾凤，从来锦绣文章。谪仙才调，复见庆流芳。向自题名雁塔，不十载、德播河阳。慰民望，一麾出守，风月任平章。

清和，时欲半，吕仙诞日，正此相当。欣逢初度旦，敢献椒觞。只恐经纶大手，应休期、便趣曹装。愿箕宿，照临南极，拱北远流光。

喜迁莺·深源密坞

[宋]张继先

深源密坞，问牧竖樵童，俱迷方所。蓬蘽纵横，龙蛇出没，玉峡挽空无路。不恋雁塔荣名，解守鱼渊寒素。这勤苦。但坚心自有，神灵呵护。

猛悟。无回顾。一点虚明，万劫无今古。胎息根深，灵泉穴秘，静里运调阳火。莫问地久天长，管取收因结果。休轻负。把天谷真机，与君说破。

瑞鹤仙·得毛韩经学

[宋] 欧阳光祖

得毛韩经学。振祖风，挺挺凌烟勋业。文章世为甲。果妙龄秀发，荐膺衡鹗。名登雁塔。访梅仙，种河阳桃李，从兹两绾铜符，多少吏民欢洽。

庆惬。归来整顿，松竹笑傲，武夷溪壑。韶光恰匝。清明过了旬浃。喜当初度日。称觞春酒，一饮红生双颊。愿儿孙，世袭簪缨，代常不乏。

醉落魄·风波未息

[宋] 哑女

风波未息。虚名浮利终无益。不如早去备蓑笠。高卧烟霞，千古企难及。君今既已装行色。定应雁塔题名籍。他年若到南雄驿。玉石休分，徒累下和泣。

沁园春·锦水双龙

[宋] 姚勉

锦水双龙，鞭风驾霆，来游璧池。有一龙跃出，精神电烨，一龙战退，鳞甲天飞。一样轩轾，殊途升蛰，造化真同戏小儿。时人眼，总美他腾踏，笑我卑栖。

促装且恁西归。信自古功名各有时。但而今莫问，谁强谁弱，只争些时节，来速来迟。无地楼台，有官鼎鼐，命到亨通事事宜。三年里，看龙头独露，雁塔同题。

减字木兰花·摇毫铸藻

[宋] 葛立方

摇毫铸藻,纵有微之应压倒。万里鹏程,南省今书淡墨名。胪传丹陛,月里桂花先著袂。雁塔高题,玉季巍科尚觉低。

陈季卿误上竹叶舟·沽美酒

[元] 范子安

你道是困萤窗年岁久,只待要题雁塔姓名留,壮志腾腾贯斗牛。巴的个风云会偶,肯落在他人后?

幽闺记·鹧鸪天

[元] 施惠

正是锦绣胸襟气若虹,文章才学足三冬;循循善道驰庠校,济济儒风蔼郡中。题雁塔,步蟾宫,前程万里附溟鸿。此时衣锦还乡客,五百名中让世隆。

凌波仙·吊范子英

[元] 钟嗣成

诗题雁塔写秋空,酒满觥船樟晚风。诗筹酒令闲吟咏,占文场第一功,扫千军笔阵元戎。龙蛇梦,狐兔踪,半生来弹铗声中。

折桂令·湖上雪晴鲁至道席间赋

[元] 张可久

想当年雁塔题名,衣锦归来,揽辔澄清。试坐渔矶,相亲蚁绿,不负鸥盟。青山老西施暮景,碧天高东鲁文星。陶写襟灵,玉手琵琶,翠袖娉婷。

登雁塔

[明] 邓云霄①

凭高指顾旧皇州,两腋风生快壮游。
大漠远分夷夏界,荒烟深贮古今愁。
俯看白雁皆南度,谁挽黄河更北流?
叹逝忧时双泪尽,登临不独为悲秋。

登西雁塔

[明] 梁维栋②

崔嵬塔拥古秦州,曾忆词臣衣锦游。
不见碣珉存往代,空余松柏傲春秋。
曲江丽色沙平合,及第芳名史别收。
日暮凭阑增感慨,满天鸿雁声啾啾。

雁塔斜晖

[明] 陈学伫

驱霓势欲尽寒潭,叠嶂联溪数树杉。
倚槛云霞纷可掇,隔江铃铎战方酣。
百年艳骨依灯火,双笏忠魂护净蓝。
我欲起将多宝定,辩才何处问同参。

---

①邓云霄,广东东莞人,字玄度,明神宗万历二十六年(1598年)进士,长洲知县,官至广西布政使参政,有《冷邸小言》《漱玉斋集》《百花洲集》等。

②梁维栋,广东恩平人,字完太,明神宗万历三十一年(1603年)贡生,后任陕西同州(今陕西大荔县)州同,两视州篆,政绩大著。将不次擢,遽谢病归。寻幽山水间,吟咏自适,以寿终。有《水阁诗钞》。民国《恩平县志》卷一九有传。

观雁塔

［明］杨旦[①]

岿然古塔倚青霄，胜览何妨去路遥。
名氏销沉怀往哲，规模宏壮忆前朝。
四檐倾侧危将坠，乱瓦横斜凛欲飘。
惆怅曲江成陆海，淡烟空锁绿杨桥。

曲江雁塔

［明］郑岳[②]

曲江断流水，雁塔突层空。一代豪华地，千秋怅望中。
荒阶晴积藓，阴洞昼生风。俯仰无穷事，青冥一断鸿。

与吴令游雁塔

［明］殷奎

合尖百丈插秋旻，俛仰千年感慨频。
梵夹已成空相久，题名都化劫灰新。
云来重洒思亲泪，雨歇才清拂面尘。
来往匆匆聊记此，他时留与话前因。

---

①杨旦，福建建安人，字晋叔，号偲庵，杨荣曾孙，明孝宗弘治三年（1490年）进士。历官太常卿，正德间忤刘瑾，谪知温州，有政绩。瑾诛，累擢至户部侍郎、南京吏部尚书。以反对张璁、桂萼骤进用，为给事中陈洸所劾，被勒令致仕。

②郑岳，福建莆田人，字汝华，明孝宗弘治六年（1493年）进士，授户部主事。累迁江西左布政使。宁王朱宸濠夺大量民田，民立寨自保，宸濠欲加兵，岳持不可。后为李梦阳所讦，岳被夺官为民。世宗即位，起抚江西。旋召为大理卿，陈刑狱失平八事，迁兵部左侍郎。后乞休归。有《莆阳文献》《山斋集》。

雁　塔

［明］王越

慈恩古塔一闲登，瘗鹤铭亡问寺僧。
旧壁遍题唐进士，远烟多见汉原陵。
感怀已寄无穷事，纵目还须最上层。
不省风铃缘底语，只今谁是佛图澄。

秋夜登慈恩寺塔

［清］秦定远

河汉西流秋夜长，登临高塔思茫茫。
谁将笛怨吹衰柳，况复砧声杂细螀。
太液光浮龙塞月，曲江寒带雁门霜。
愁来此际知多少，思妇羁人总断肠。

慈恩寺上雁塔

［清］洪亮吉

忆从初地擅名扬，阅劫来游竟渺茫。
韦曲花深愁暮雨，终南山古易斜阳。
高张岑杜诗篇冷，天宝开元岁月荒。
莫笑众贤名易朽，塔前杯水已沧桑。

水调歌头·庚戌中秋晚登雁塔看月出

张伯驹

扶醉问明月，更上最高层。一年今夕偏好，毕竟是何情。说甚长安远近，曾与九霄多傍，万里共光明。宫阙水晶域，天地玉壶冰。

秦山影，泾渭色，眼前清。惟有霜砧画角，犹向耳边惊。子弟梨园白发，姊妹昭阳飞燕，歌舞尽无声。几照马嵬驿，不独汉家营。

"文革"中潜登大雁塔（其一）

霍松林

打砸狂飙势日增，凌霄雁塔尚峻嶒。
幽囚未觉精神减，放眼须攀最高层。

春游大雁塔

霍松林

一

争拜慈恩古佛慈，五州车马日奔驰。
仿唐宫殿连云起，可似开元极盛时？

二

开放潮催改革潮，长安新貌画难描。
雄楼巨厦摩银汉，览胜休夸雁塔高。

第三节 大慈恩寺文选

历代有关大慈恩寺的文章也有不少，这里仅选几篇唐代较为重要的文章，供大家了解大慈恩寺的相关历史信息。

建大慈恩寺令

[唐] 李治

营慈恩寺，渐冀向功，轮奂将成，僧徒尚阙。伏奉敕旨，度三百僧，别请五十大德，同奉神居，降临行道。其新建道场，宜名大慈恩寺。别造翻经院，虹梁藻井，丹青云气，琼础铜沓，金环花铺，并加殊丽。令法师移就翻译，仍纲维寺任。

《钦定全唐文》书影

检阅新译经论敕

[唐] 李治

大慈恩寺僧元奘所翻经论,既新翻译,文义须精。宜令太子太傅尚书左仆射燕国公于志宁、中书令兼检校吏部尚书南阳县开国男来济、礼部尚书高阳县开国男许敬宗、守黄门侍郎兼检校太子左庶子汾阴县开国男薛元超、守中书侍郎兼检校右庶子广平县开国男李义府、中书侍郎杜正伦等,时为看阅,有不稳便处,即随事润色。若须学士,任量遣三两人。

大慈恩寺大法师基公塔铭并序

[唐] 李宏庆

按吏部李侍郎义碣文,法师以皇唐永淳元年仲冬壬寅日,卒于慈恩寺翻译院,有生五十一岁也。后十日,陪葬于樊川元奘法师塔,亦起塔焉。塔有院。太和二年二月五日,异时门人安国寺三教大德赐紫法师义林，见先师旧塔摧圮，遂唱其首，率东西街僧之右者，奏发旧塔，起新塔。功未半而疾作；会其徒千人，尽出常所服玩，洎向来箕敛金帛，命高足僧令检，俾卒其事。明年七月十三日，令检奉行师言，启其故塔得全躯，依西国法焚而瘗之，其上起塔焉。又明年十月，赍行状请宏庆撰其铭，予熟闻师之本末，不能牢让。

师姓尉迟，讳基，字宏道。其先朔州人，累世以功名致爵禄。先考宗，松州都督。伯父鄂国公，国初有大勋力。宏道身长六尺五寸，性敏悟，能属文，尤善于句读，凡经史皆一览无遗。三藏法师元奘者，多闻第一。见宏道颇加辣敬，曰："若得斯人传授释教，则流行不竭矣。"因请于鄂公。鄂公感其言，奏报天子许之。时年一十七。既脱儒服，披缁衣，伏膺奘公，未几而冰寒于水矣。以师先有儒学词藻，诏讲译佛经论卅饮余部，草疏义一百本，大行于时，谓之慈恩疏。其余崇饰佛像，日持经戒，瑞光感应者，不可胜数。嗟乎宏道！其家世在朔漠，宜以茹毛饮血斗争煞戮背义妄信为事，今慕浮屠教苦节，希圣采入其奥，与夫鄂公佐圣立国，功成身退，出于其类，为一代贤人，实禀间气，习俗不能染也，明矣！退为铭曰：

佳城之南兮面南山，元奘法师兮葬其间。基公既殁兮陪其后，甲子一百兮四十九。碣文移入兮本寺中，昃景取信兮田舍翁。义林高足兮曰令检，亲承师言兮精诚感。试具畚锸兮发元堂，全身不朽兮满异香。铭志分明兮是宏道，齿白骨鲜兮无销耗。瑞云甘雨兮昼濛濛，神祇悉窣兮罗寿宫。依教荼毗兮得舍利，金瓶盛之兮埋厚地。建塔其上兮高巍巍，铭勒贞石兮无愧辞。深谷为岸兮田为瀛，此道寂然兮感则灵。

请御书大慈恩寺碑文表

［唐］玄奘

第一表

沙门元奘等言：窃以应物垂象，神用溥该；随时设教，圣功毕尽。是知日月双朗，始极经天之运；草木俱秀，方穷丽地之德。

伏惟皇帝陛下智周万物，仁沾三界；既隆景化，复阐元风。鄙姬穆之好道，空赏瑶池之咏；蔑汉明之崇法，徒开白马之祠。遂乃俯降天文，远扬幽旨；用雕丰琬，长垂茂则。同六英之发音，若五纬之擒曜，敷至怀而感俗，宏大誓以匡时。岂独幽赞真如，显扬元赜者也。虽玉藻斯畅，翠版将刊；而银钩未书，丹字犹韫。然则夔乐已篑，匪里曲之堪预；龙乡既昼，何爝火之能明。非夫牙、旷抚律，羲和总驭，焉得扬法鼓之大音，禅慧日之冲彩。敢缘斯义，冒用干祈。伏乞成兹具美，勒以神笔，庶凌云之妙，迈迹前王；垂露之奇，腾芬后圣。金声玉振，即悟群迷；凤翥龙蟠，将开众瞀。岂止克隆像教，怀生沾莫大之恩；实亦聿赞明时，宗社享无疆之福。元奘禀识愚浅，谬齿缁林，本惭窥涉，多亏律行，猥辱紫宸，词过褒美，虽惊惕之甚，措颜无地，而慊恧之勤，翘诚有日。重敢尘黩，更怀冰火。谨言。

第二表

昨一日蒙赉天藻，喜戴不胜，未允神翰，翘丹尚拥。窃以攀荣奇树，必含笑而芬芳；跪宝玉岑，亦舒涯而贻彩。

伏惟陛下提衡执粹，垂拱太宁；睿思绮毫，俯凝多艺。鸿范先于洛浦，草圣茂于临池。元奘肃荷前恩，奉若华于金镜；冒希后泽，仁桂影于银钩。岂直含璧相循，联辉是仰，亦恐非天翰无以悬日月之文，唯严则可以摅希微之轨。驰魂泥首，非所敢望，不胜积慊，昧死陈情表奏。

谢御书大慈恩寺碑文表

[唐] 玄奘

沙门元奘言：伏奉敕旨，许降宸笔，自勒御制大慈恩寺碑文，玺诰爰臻，纶慈猥集，祇荷惭惕，罔知攸措。元奘闻强弩在彀，鼯鼠不足动其机；鸿钟匿音，纤楚无以发其响。不谓日临月照，遂回景于空门；雨润云蒸，乃昭感于元寺。是所愿也，岂所图焉！

伏惟陛下履翼乘枢，握褒缵运，追轩迈顼，孕夏吞殷。演众妙以陶时，总多能而景俗。九域之内，既沐仁风；四天之表，亦沾元化。

然则津梁之法，非至圣无足阐其源；幽赞之工，非至人何以敷其迹？虽追远所极，自动天情；而冥祐可祈，即回宸眷。英词曲被，已超希代之珍；秘迹行开，将逾绝价之宝。凡在群品，靡弗欣戴，然彼梵徒，倍增庆跃。梦钧天之广乐，匹此非奇；得轮王之髻珠，畴兹岂贵？庶当刊以贞石，用树福庭，蠢彼迷生，方开耳目，盛乎法炬，传诸未来。使夫瞻宝字而跋银钩，发菩提于此日；讽通文而探幽赜，悟般若于斯地。劫成穷芥，昭昭之美恒存；迁海还桑，蔼蔼之风无朽。

元奘出自凡品，夙惭行业。既蒙落饰，思阐元猷。往涉迦维，本凭皇化；迨兹翻译，复承朝奖。而贞观之际，滥沐洪慈；永徽已来，更叨殊遇。二主神笔，猥赐褒扬；两朝圣藻，亟垂荣饰。顾循愚劣，实怀兢惧；输报之诚，不忘昏晓。但以恩深巨壑，岂滴水之能酬？施厚松丘，匪纤尘之可谢，惟当凭诸慧力，运以无方，资景祚於园寝，助隆基于七百，不任竦戴之至。谨附内给事臣王君德奉表陈谢以闻。轻犯威严，伏深战栗。

谢御制大慈恩寺碑文表

[唐] 玄奘

沙门元奘言：被鸿胪寺符，伏奉敕旨，亲纡圣笔，为大慈恩寺所制碑文已成，睿泽傍临，宸词曲照，元门益峻，梵侣增荣，局厚地而怀惭，负层穹而寡力。元奘闻造化之功，既播物而成教；圣人之道，亦因辞以见情。然则画卦垂文，空谈于形器；设爻分象，未逾于寰域。羲皇之德，尚见称于前古；姬后之风，亦独高于后代。岂若开物成务，阐八政以摛章；诠道立言，证三明而导俗？理穷天地之表，情该日月之外。较其优劣，斯为盛矣！

伏惟皇帝陛下金轮在运，玉历乘时。化溢四洲，仁覃九有。道包将圣，功茂乃神。纵多能于生知，资率由于天至。始悲奁镜，即创招提；俄树胜幢，更敷文律。若乃天华颖发，睿藻波腾。吞笔海而孕龙宫，掩词林而包鹤树。内该八藏，外覈六经。奥而能典，宏而且密。固使给园遗迹，托宝思而弥高；柰苑余芳，假琼章而不昧。岂直抑扬梦境，昭晰迷涂，谅以熔范四天，牢笼三界者矣！元奘言行无取，猥预缁徒，亟叨恩顾，每谓多幸，重忝曲成之造，忻逢像法之盛，且惭且跃，实用交怀。无任竦戴之诚，谨诣朝堂，奉表陈谢。

谢敕送大慈恩寺碑文表

[唐] 玄奘

沙门元奘等言：今月十四日，伏奉敕旨，送御书大慈恩寺碑，并设九部乐供养。尧日分照，先增慧炬之晖；舜海通波，更足法流之广。丰碣岩峙，天文景烛，状彩露之映灵山，疑缛宿之临仙峤。凡在缁素，电激云奔，瞻奉惊跃，得未曾有。

窃以八卦垂文，六爻发系，观鸟制法，泣麟敷典，圣人能事，毕见于兹。将以轨物垂范，随时立训，陶铸生灵，抑扬风烈。然则秦皇刻石，独映美于封禅；魏后刊碑，徒纪功于大飨。犹称题目，高视百王，岂若亲纤睿藻，俯开仙翰？金奏发韵，银钩绚迹，探龙宫而架三元，轶凤篆而穷八体。扬春波而骋思，滴秋露以标奇。宏一乘之妙理，赞六度之幽赜。化总三千之域，声腾百亿之外。奈苑微言，假天词而更显；竹林开士，托神笔而弥尊。固使梵志归心，截疑网而祇训；波旬革虑，偃邪山而徇道。岂止尘门之士，始悟迷方；滞梦之宾，行超苦际。像教东渐，年垂六百，宏阐之盛，未若于兹。至如汉明通感，尚资谋于傅毅；吴主归宗，犹考疑于阚泽。自斯已降，无足称者，随缘化物，独推昭运，为善必应，克峻昌基。若金轮之王，神功不测；同宝冠之帝，休祚方永。元奘等谬忝朝恩，幸登元肆，属慈云重布，法鼓再扬，三明之化既隆，八正之门长辟。而顾非贞恳，虚蒙奖导，仰层旻而荷泽，俯浚谷以怀惭。无任悚戴之诚，谨诣阙陈谢以闻。

谢皇太子令充慈恩寺上座启

[唐] 玄奘

沙门元奘启：伏奉令旨，以元奘为慈恩寺上座，恭闻嘉命，心灵靡措，屏营累息，增深战悚。元奘学艺无纪，行业空疏，敢誓方期光赞，凭恃皇灵，穷遐访道。所获经论，奉敕翻译。诚冀法流渐润，克滋鼎祚，圣教绍宗，光华史册。元奘昔冒危涂，久婴疴疹，驽蹇力弊，恐不卒业，孤负国恩，有罚无赦。命知僧务，更贻重谴，鱼鸟易性，飞沉失路。

伏惟皇太子殿下仁孝天纵，爱敬因心，感风树之悲，结寒泉之痛；式建伽蓝，将宏景福。匡理法众，任在能人，用非其器，必有踬仆。伏愿睿情远鉴，照宏法之福因；慈造曲垂，察愚诚之忠款。则法僧无晦老之咎，鱼鸟得飞沉之趣。不任诚恳之至，谨奉启陈情。伏用惭惶，追增悚悸。

第七章　雁塔风云

第一节　大雁塔下立盟誓，共图大举促"反正"

哥老会是清代下层群众自发组成的社会团体，是民间秘密组织，起源于湖南和湖北，活跃于长江流域，声势和影响都很大。哥老会在川军和湘军中影响巨大，对清朝末年的革命产生了巨大的影响。

陕西哥老会是清末民初哥老会的重要组成部分，在同治年间（1862—1874）就曾进行过一些活动，在义和团运动时期得到蓬勃发展。其成员既包括乞丐、游民、船夫、士兵、衙役等社会底层人物，也包括少数官吏、知识分子、商人、地主等人，曾提出"替天行道""有福同享，有祸同当"等口号，具有较强烈的反抗清王朝封建专治统治的斗争精神。

哥老会在陕西的分布情况，从地域上看，大致是陕北较少，关中较多，陕南更多；从社会阶层分布上看，上层人物很少，中层人物较少，下层百姓最多。[①]关中的哥老会如《汇报》所言，陕西关中的刀客、哥老会、义和拳"党羽布满渭河一带，邠、乾、武、扶、郿、岐、凤、宝、陇、华、潼等东西十数州县"[②]。哥

[①] 李思思. 辛亥革命时期的陕西会党研究[D]. 西安：西北大学，2019.
[②] 张华腾，等. 陕西光复：辛亥革命在陕西[M]. 西安：陕西人民出版社，2011：74.

老会有严密的组织，称为山堂（下设叫作四柱的组织），其成员称作哥弟。据相关调查统计，陕西哥老会山堂主要有太白山堂、提笼山堂、秦凤山堂、定军山堂、琥珀山堂、贺兰山堂、通统山堂等，分布在关中华阴县、凤翔县，陕南石泉县、勉县，以及陕北三边、内蒙古边境地区。①在清末社会大变动中，哥老会成员也逐渐由乡村走向城市，如大量的哥老会成员加入新军，进入省会发展势力。②陕西哥老会成员张云山，在哥老会中地位虽然不高，但是一开山堂就发展了1000多名哥弟，他们大多为新军。其他如朱福胜、吴世昌、万炳南、马玉贵、刘世杰等哥老会头目也在新军中大力发展哥弟，权倾一时。

陕西辛亥革命的成功，与哥老会密切相关——哥老会在新军中势力比较大，另外同盟会的组织和新军的加入起到了主导作用。从清廷戊戌变法前后，直到清代灭亡，仿照西法编练新军，陕西新军的组建与之大体同步。1905年，同盟会成立，陕西籍留日学生30多人加入了同盟会。同年，井勿幕、张钫等人回陕西进行革命活动。在井勿幕的努力下，1906年春，同盟会陕西支部已有会员30多人，但发展会员仍以知识阶层为主，拒绝吸收陕西境内颇有实力的新军和会党，故影响有限。1907年，井勿幕第二次返陕后，听取吴虚白（会党首领之一）的建议，改变策略，决定联合新军、会党。

1907年重阳节，井勿幕等人代表同盟会与各界反清人士祭祖于黄帝陵。1908年冬，井勿幕第三次从日本回到陕西，在西安市东大街开元寺召开第一次同盟会会员大会，成立了同盟会陕西分会。众推李仲特为会长，决议联合新军、哥老会、慕亲会、刀客等力量推动革命。③1910年7月9日（农历六月初三），同盟会首领井勿幕，新军中人钱定三（亦为同盟会会员），哥老会张云山、万炳南等人，采用哥老会的结拜方式，在大雁塔"歃血为盟，共图大举"，号称"三十六弟兄"，以合"天罡"之意。这次活动使同盟会、新军、哥老会三方面力量结为一体，大家宣誓要"同心同德，共同反清"，并且都接受了孙中山"驱除鞑虏，

---

①中国人民政治协商会议陕西省委员会文史资料研究委员会. 陕西辛亥革命回忆录[M]. 西安：陕西人民出版社，1982.
②冯峰. 陕西军政府与辛亥革命[J]. 长安大学学报：社会科学版，2013（3）.
③西安市地方志编纂委员会. 西安市志：第1卷[M]. 西安：西安出版社，1996：72.

井勿幕

恢复中华，建立民国，平均地权"的革命思想，为西安"反正"在思想上、组织上打下了基础。

大雁塔歃血结盟，标志着陕西同盟会革命党人和哥老会反清力量联盟的正式形成。在这个基础上，同盟会和哥老会成立了一个联合组织——同盟堂。同盟会和会党的成功结盟，对1911年10月辛亥革命西安"反正"的成功，起到了极为重要的作用。

第二节 西安"反正"

1900年，八国联军攻占北京。次年，清政府与各国列强签订了丧权辱国的《辛丑条约》，严重地伤害了中国人民的民族尊严。清政府为了凑足巨额赔款，又多方巧立名目，搜刮民脂民膏，激化了国内矛盾，导致各地民众反抗运动不断。

1905年，孙中山在东京成立同盟会，提出反清和建立民国的纲领，使反清革命运动有了统一的组织领导和行动纲领。次年，陕西籍留日学生加入同盟会的已达30多人。1908年，同盟会陕西分会成立，开始在西安建立秘密活动据点，创办刊物，进行革命宣传，同时开办学校，为革命集聚后备力量。同盟会还以主要力量打入新成立的陕西新军和遍布全陕的民间反清组织哥老会中开展工作。

1910年7月，同盟会、新军、哥老会在西安大雁塔下召开三方联盟会议，歃血为盟，准备起义。此时在日本加入同盟会的张凤翙及从保定陆军速成学堂毕业的同盟会会员钱鼎、张钫等一批士官学校毕业生也回到西安，并在新军中充任中下级军官，使起义的时机日臻成熟。

1911年10月10日，武昌起义爆发。12天后，即10月22日（农历九月初一），陕西革命党在西安打响了反清起义的枪声，史称西安"反正"。陕西与湖南是最先响应武昌起义的两个省份。

1911年10月22日是星期天，新军的统帅及高级将领都是旗人，这天照例都回满城休假。30余名党会同志借故在城西南林家坟集合，召开会议，推张凤翙为起义总指挥，钱鼎为副总指挥，宣布当天起义。开会时，陕西同盟会最重要的领袖井勿幕正在北方策动革命，不在西安，这实际上决定了起义后领导权在新军与会党手中。在这次会议上，张凤翙宣布："无论同志、哥弟都是一家人，干的是一件事，要同心协力，不分彼此。"并约定当天听到"午炮"就行动，第一步是占领军装局（今西安市第八中学所在处）。①

是日 10 时左右，西安新军声言利用星期天去灞河洗马，即按营列队，军官骑马，士兵骑在驮炮的骖马上，徒手兵随后，一齐从城西大营盘出发。部队分两路，一路向东绕至南门进城，再向东经书院门、开通巷转向军装局，砸开库房门锁，控制了枪械弹药。另一路由西门进城，穿过钟楼，直接来到军装局。当时张凤翙即以军装局为临时司令部，指挥部队迅速占领了除满城以外的各级官署和据点。第二天黎明，发动了对满城的总攻击。由钱鼎、万炳南等指挥一路人马从西面进攻满城；另一路人马从钟楼向东至东城门，由张凤翙指挥。战斗开始后，满城旗兵据城拼命抵抗，双方火力密集，战斗非常激烈。满城骑兵曾猛攻东郭城，企图夺回被起义军占领的东城门楼，但被起义军的炮火击退。由于满城清军防守严密，起义军直到下午 3 点还未攻开城门。幸好侦察到大差市与小差市之间的一段满城城墙早已倒塌，只是在缺口处盖了些普通住宅，于是起义军很快挖开这些房屋的后墙，冲了进去。与此同时，西侧的攻城部队也已把满城的新西门（即后宰门）攻下，正集中火力强攻旗兵的火药库。密集的火力引起火药库爆炸，守城旗兵伤亡惨重，全面溃逃。在攻打满城的同时，清军的城防部队和其余未参加起义的部队也加入起义军的行列，西安城内的战斗遂告结束。

当晚，起义军召开军事会议，将起义部队定名为秦陇复汉军，并以秦陇复汉军大统领张凤翙的名义发布安民告示，文曰："各省皆变，排除满人，上征天意，下见人心。宗旨正大，第一保民，第二保商，三保外人，汉回人等，一视同仁。特此晓谕，其各放心。"②这是西安起义后发布的第一张告示。此后，随着形势的发展和新政权的建立，先后发布了 30 多张通告和布告。省内的陕南、陕北，关中的东府州县和西府部分州县相继响应省城，起义"反正"，省境内政局遂安，人心稳定。各地革命党人、哥老会成员和广大群众在革命精神的鼓舞下，从临潼、富平、同官（今陕西省铜川市印台区）等关中各县起，到陕北的

---

①见中国人民政治协商会议陕西省委员会文史资料征集研究委员会 1961 年所编《陕西文史资料选辑》第一辑（内部资料）。

②陕西革命先烈褒恤委员会. 西北革命史征稿［M］. 上海：上海书店，1990：38.

 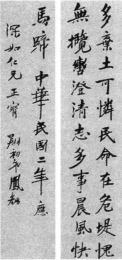

张凤翙　　　　　　　　张凤翙书法作品

榆林、神木、府谷、延安，陕南的兴安府（今陕西安康）、汉中府（今陕西汉中）等，逐渐发动起义，光复了县城，推动了革命形势的发展。至此，陕西全省光复。

起义成功后，设在军装局的司令部和军政府相继移至省高等学堂，最后迁到西安北院。在继续清除清旧政权残余的同时，陆续完善了军队建制和新政府的机构设置。10月27日，陕西宣布成立秦陇复汉军政府，以张凤翙为大统领，设立了军政、财政、教育、司法、交通等8个部。[①]军政府的重新整合，促进了工作效率的提高，得到了人民的普遍认同。

11月22日，南京临时政府向张凤翙颁发了"中华民国政府秦省都督印"，秦陇复汉军政府更名为中华民国政府秦省都督府。在临时大总统孙中山的领导下，取代2000多年封建统治的中华民国陕西地方政府从此建立，并逐步建立共和制度。

陕西的辛亥革命，清除了清廷在西北重镇的堡垒。为挽救败局，清政府采

---

①陕西革命先烈褒恤委员会. 西北革命史征稿［M］. 上海：上海书店，1990：42.

取"先靖西路之乱,以固根本"①,再图收复东南的对策,因此调动河南的封建势力进军陕西,"认真防堵迎剿"②。清政府曾命河南巡抚宝棻及逃往甘肃的原陕甘总督升允分别从东、西两面进攻陕西。东路战事几经反复,革命军终于收复了被清军攻占的关中东大门——潼关。西路升允所率清军气势汹汹,节节进逼,极为残暴,加之长武守将石得胜仅有一营之兵,又"因娶妻宴会,疏于防范"③,导致长武失陷。而后彬县(今陕西省彬州市)失守。省军政府派张云山部前往阻截,途中有富平、耀县、高陵等县人士闻声来投,实力大增,夺回亭口、冉店桥两处重镇。后因种种原因,升允曾一度东进,打到泾阳、咸阳附近,危及西安,省军政府曾有迁出省城之议。后清帝退位,并在陕军使者的游说下签订了停战协定。这与哥老会头目和新军的精诚合作不无关系。④停战协定的签订,宣告了西安地区的辛亥革命基本结束。

西安在大西北所处的关键地位及对武昌起义的迅速响应,对全国的反清斗争起到了重要的促进作用,在反帝反封建的革命运动中走在全国前列。西安"反正"支援了南方革命党的反清斗争,振奋了其他省份的革命信心,推动了革命的进一步发展,为近代中国革命谱写了光辉的篇章。

---

①见《宣统政纪》卷63,辽海书社,1934年版。
②见《宣统政纪》卷63,辽海书社,1934年版。
③中国人民政治协商会议全国委员会文史资料研究委员会. 辛亥革命回忆录:第五集[M]. 北京:文史资料出版社,1981.
④中国人民政治协商会议陕西省委员会文史资料研究委员会. 陕西辛亥革命回忆录[M]. 西安:陕西人民出版社,1982.

第八章　文化交流

大慈恩寺与大雁塔作为古都西安的文化要地，在西安与世界其他各地的文化交流中起到了重要的作用。古都西安是丝绸之路的东方起点，大慈恩寺与大雁塔见证了丝绸之路的发展过程。

第一节　大慈恩寺与丝绸之路

丝绸之路简称"丝路"，这个词最早来自德国地理学家费迪南·冯·李希霍芬（Ferdinand von Richthofen）。

一、丝绸之路

李希霍芬在他的《中国》一书中，把"从公元前114年到公元127年间，中国与河中地区（指中亚阿姆河与锡尔河之间的地带）以及中国与印度之间，以丝绸贸易为媒介的这条西域交通路线"命名为"丝绸之路"。后来，德国历史学家阿尔巴特·赫尔曼在他的名著《中国与叙利亚之间的古代丝绸之路》一书中主张，应该"把这一名称的含义进而一直延长到通向遥远西方叙利亚的道路上去"，因为"叙利亚尽管不是中国生丝的最大市场，也是其较大市场之一，而且叙利亚主要是经过由通向亚洲内地及伊朗的这条通道获得生丝的"。赫尔曼的这个主张，得到了西欧一些汉学家的支持和阐述。19世纪末到20世纪初，西方的一些"探险家""游历者"到我国西北边疆进行"考察""探险"，在那里发现和

李希霍芬及其《中国》一书

找到了古代中国与亚、非、欧交往的许多遗址、遗物。这些实物证实了丝绸之路的存在和发展，引起了世界学术界的极大兴趣和关注。这些考察家在自己的著作中介绍这些情况时，广泛使用了"丝绸之路"这个名称，把古代丝绸贸易所到达的地区都包括在丝绸之路的范围之内，因而"丝绸之路"就成为从中国出发，横贯亚洲，进而连接非洲、欧洲的陆路通道的总称。而且，随着中西关系史研究的深入，丝绸之路也进一步被人们看作是东西方之间政治、经济、文化交流的桥梁。①

应该说，李希霍芬对丝绸之路的定义和赫尔曼对丝绸之路基本内涵的确定，如今已为全世界学术界所公认。

西汉武帝时期，张骞出使西域，打开了汉与西域的交往通道。而后，"河西走廊通向西部的帕米尔高原，高原以西就是一个崭新的世界。中国为一条横跨大陆的交流通道打开了大门——'丝绸之路'就此诞生"②。从此，中国与世界各地的联系进入新的时代。公元73年，为确保因战争所阻的丝绸之路畅通无阻，班超和他的36名随从人员出使西域。其属吏甘英奉命出使大秦（古罗马），到

---

① 杨建新，卢苇. 丝绸之路［M］. 兰州：甘肃人民出版社，1988：2-3.
② ［英］彼得·弗兰科潘. 丝绸之路：一部全新的世界史［M］. 邵旭东，孙芳，译. 杭州：浙江大学出版社，2016：9.

《张骞出使西域》壁画

达波斯湾一带,扩展了丝绸之路。至此,一条长逾7000多千米,穿越广阔田野、无垠荒漠、青青草原和险峻高山的陆上通道,便将中国的古都长安(今陕西西安)和地中海东岸国家联系起来。中国境内的丝绸之路总长4000多千米,约为丝绸之路全长的二分之一。丝绸之路从此正式成为中国联系东西方的要道。

丝绸之路作为交通线路，其所承载的不仅仅是丝绸贸易。据学者梳理，丝绸之路分为如下几条线[①]：

（1）北方游牧民族与汉族进行丝绸和牧马交易之路，即从草原之路东端、漠北的鄂尔浑河流域至长安的路。

（2）藏传佛教之路，即从西藏至塔里木盆地及西域的路线。这条路曾被吐谷浑利用，7世纪至8世纪又是吐蕃远征西域之路。藏传佛教就是从这条路传出，并影响了蒙古的。

（3）佛教之路，即从土耳其西部地区经阿富汗抵达印度之路。法显和玄奘就是从这条路去印度的，印度佛教也是从这条路传入中国的。

（4）古埃及文明传播之路。它以地中海为中心，北接高加索、土耳其的阿纳托利亚，南接埃及、美索不达米亚。埃及和美索不达米亚都是人类文明的最早发源地，它们的文明经由这条路传播出去。

（5）琥珀之路，即以土耳其伊斯坦布尔为中心，南通海路接埃及至东地中海沿岸，再往北走，一条至波罗的海，另一条至莱茵河流域。这是极其重要的琥珀之路。

此外，还有人发现了麝香丝绸之路。

在这些丝绸之路上，古埃及文明、古巴比伦文明、黄河文明、古印度文明交织传播，景教、祆教、伊斯兰教、佛教、基督教、摩尼教等宗教相继传来。西方的水果蔬菜、药材（麝香）、工艺美术品，以及音乐、舞蹈、天文历法等从这些丝绸之路传来；中国的丝帛、漆器、竹器、铜铁、火药、金银器、瓷器，以及造纸、打井、炼铜、兴修水利等技术，也由此传向西方。这种文化、物质的交往，使长安出现了"殊方异物，四面而至"的盛况。

在漫长的历史发展过程中，丝绸之路的起点与终点不断变化，路线也有所变化，人们对它的认识也产生了差异，大致有以下几种说法[②]：

一种说法是，张骞通西域后，正式开凿了丝绸之路，该路线是由西汉都城长安出发，经过河西走廊，然后分为两条路线：一条是从阳关经鄯善（今新疆若羌附近），沿昆仑山北麓西行，过莎车（今新疆莎车县一带），西逾葱岭，出

[①] 董锡玖，金秋. 丝绸之路[M]. 北京：新华出版社，1995：5-6.
[②] 张燕. 古都西安：长安与丝绸之路[M]. 西安：西安出版社，2010：7-13.

大月氏，至安息（今伊朗），西通犁靬（即古罗马），或由大月氏南入身毒（即古印度）；另一条是出玉门关，经车师前国（今新疆吐鲁番一带），沿天山南麓西行，出疏勒（今新疆喀什），西逾葱岭，过大宛（大概在今费尔干纳盆地），至康居（在今巴尔喀什湖和咸海之间）、奄蔡（约在今咸海至里海一带）。

另一种说法是，丝绸之路的东面起点是西汉的都城长安，经陇西或固原西行至金城（今甘肃兰州），然后通过河西走廊的武威、张掖、酒泉、敦煌四郡，出玉门关或阳关，穿过白龙堆到罗布泊地区的楼兰。汉代西域分南道、北道，南北两道的分岔点就在楼兰。北道西行，经渠犁（今新疆库尔勒）、龟兹（今新疆库车）、姑墨（今新疆温宿、阿克苏一带）至疏勒。南道自鄯善，经且末（今新疆且末县）、精绝（今新疆民丰县北尼雅遗址一带）至于阗（今新疆和田一带）。

还有一种说法所说的路线较前两种在东、西两个方向都有所延伸。东起今开封，经郑州、西安、咸阳、平凉、固原、靖远至武威，或经咸阳、宝鸡、秦安、天水、岷县、兰州至武威。从武威经永昌、张掖、酒泉、嘉峪关至安西后，分为三道，即塔北道、塔南道和准南道。塔北道因沿塔里木盆地北沿而得名，也称为"北道"。塔南道，因沿塔里木盆地南沿而得名，汉代称为"南道"。准南道是三道中形成最晚的，因沿准噶尔盆地南沿而得名。

总而言之，关于丝绸之路说法众多，但均与古都西安有关。

二、大慈恩寺与玄奘西行

玄奘西行求法，走的是佛教之路。《续高僧传》等文献中讲到玄奘的西行路线大致如下：

玄奘西行，从长安出发，经秦州（今甘肃天水）、兰州至凉州（今甘肃武威）出关，后经瓜州（今甘肃安西东南）向西到伊吾（今新疆哈密），再向西到高昌（今新疆吐鲁番东部一带），再向南行至白力城（今新疆鄯善县）、龟兹，转向西北行至大清池（今吉尔吉斯斯坦伊塞克湖）、素叶城（即碎叶城，今吉尔吉斯斯坦托克马克西南），再转向西南，行至羯霜那国（今乌兹别克斯坦撒马尔罕以南的沙赫里夏勃兹），再向西南到赭时国（今乌兹别克斯坦塔什干附近），又西至吐火罗（今阿富汗阿姆河一带）等地，向东南过黑岭（今阿富汗东部兴都库什山以南一带之山地）进入天竺（今印度）。玄奘在天竺游学多年后，沿昆仑山北，经敦煌、河西走廊回到长安。

玄奘所走的路，即隋唐时期当地人常走的路，也是当时佛教由印度向中国中原地区传播的路线。和很多西行求法的中国僧人及印度、西域传法的僧人一样，玄奘求法所走的路线有传统丝绸之路的一般特点，又表现出作为隋唐时期文化传播路线的独特性。

玄奘和大慈恩寺是唐代丝绸之路上文化交流的实践者。在当时的中外交流中，佛教文化交流是主要内容。

贞观十九年（645年），玄奘西行求法归来，带回657部佛经，受命主持大慈恩寺，并在大慈恩寺译经。唐高宗御批建塔，用来存放佛经、佛像等。玄奘亲自设计，并按照天竺风格建造了大雁塔。从此，大慈恩寺成为中国佛教的翻译、传播中心，也是中印佛教交流中心。大雁塔由此成为长安城的新地标，也成为通过丝绸之路传播佛教文化的新起点。

第二节　大慈恩寺与中印文化交流中的高僧大德

中印交流自古以来就十分频繁，最早始于秦朝，到两汉时逐渐频繁，在唐代趋于高潮。文化交流是两国交流中最核心的部分，佛教作为中印文化交流的载体，具有举足轻重的地位。历来有许多高僧大德前往印度求法，然后回到长安城的佛教寺院翻译佛经和弘法。他们对中印文化交流产生了不可估量的影响。

在中印文化交流史上，玄奘无疑是影响最大、取得成果最丰硕的僧人之一。如今，在西安大雁塔南广场正中，玄奘的雕像作为城市的标志之一伫立着，供人们瞻仰。

在玄奘的影响下，出现了一批以弘扬佛法为己任的人，其中成就最突出的是义净。义净是我国佛教四大译经家之一，俗姓张，字文明，生于唐太宗贞观九年（635年），卒于唐玄宗开元元年（713年），齐州（今山东济南）人。幼年时便入寺学习，少年时显露出极高的佛学天赋，贞观二十二年（648年）受具足戒，仰慕法显、玄奘西行求法的高风。咸亨二年（671年），义净不惧千难万险，从海路前往印度求法，历时25年才返回。义净回到中国后便开始了翻译佛经的工作，洛阳和长安的很多寺庙都留下了他的身影。他主要的翻译工作是在长安荐福寺完成的。他带回梵文经典约400部，并翻译出61部共239卷，包括《金光明最胜王经》《大孔雀咒王经》《法华论》等。不同于玄奘，他主要翻译律宗经典。义净在翻译过程中坚持高标准，坚持不改变原作的思想而采用直译法，并在原文下注明，同时又在意译时标出四声，以求发音准确。他在继承玄奘翻译优点的同时，又有自己的独创性，因而他的翻译达到了非常高的水平。

义净不仅在佛学上有极大的贡献，在地理、外交方面也有较大的功绩。他的著作《南海寄归内法传》（4卷）和《大唐西域求法高僧传》（2卷），主要记述了前往印度的僧人的事迹，对海陆两途的情况都有所记录，不逊色于玄奘的《大唐西域记》和法显的《佛国记》，具有非常高的史料价值，是后人研究印度和南亚其他地区历史的珍贵资料。书中所述都是义净取经过程中的亲身经历，因而具有无可辩驳的真实性，连一些史书的记载都难以与之相提并论。《大唐西域求法高僧传》在结构上也有很大的创新：既往的著作基本上都是以僧人的活动始末为顺序来记叙，采用的是纪传体的形式，而义净却另辟蹊径，按照时间顺序来记叙，重点描写其中少数几位影响较大的僧人，比如玄照法师和道琳法师等，对其他僧人着墨较少。

与大慈恩寺有关的高僧中还有一些印度僧人，如利涉、那提、牟尼室利等，他们对中印文化交流起到了特别的作用。

利涉，唐代僧人，玄奘弟子，印度人，生于婆罗门之家。年轻时听人说东方有震旦（中国），想去看看。后与人结伴同行，向东进发。行至金梭岭，遇到玄奘，礼求玄奘引度，成为其弟子。"既而群经众论，凿窍通幽，特尔远尘，归乎正道，非奘难其移转矣。"①开元中，于安国寺讲《华严经》，听众爆满，"迟则无容膝之位矣"。时有大理评事秘校韦玎，表请释、道二教辩论，言释、道"蠹政"可除。玄宗诏三教各选百人，集于殿内。利涉解疑释结，与韦玎来回辩论"百数千言"。后以"韦"为韵，吟道："我之佛法是无为，何故今朝得有为？无韦始得三数载，不知此复是何韦？"此偈使玄宗醒悟，凛然变色曰："玎是庶人宗族，敢尔轻蔑朕玄元祖教及凌轹释门。"敕贬韦玎为象州百姓，赐利涉钱绢，助造明教寺。晚年被贬，后住南阳龙兴寺。著有《立法幢论》一卷。大历中，西明寺僧人圆照撰《大唐安国寺利涉法师传》10卷。

那提，唐代高僧，梵名布如乌伐邪，中印度人。少年出家，"名师开悟，志气雄远，弘道为怀"。他"善达声明，通诸诂训，大夏招为文士"。那提曾到师

---

① ［南朝梁］慧皎，［唐］道宣，［宋］赞宁，等. 四朝高僧传［M］. 北京：中国书店，2018.

子国、楞伽山及南海诸国弘法，度人立寺，非常有成就。他听闻大唐大乘佛法崇盛，便搜集大小乘经律论1500余部，于唐高宗永徽六年（655年）抵达长安。敕令于大慈恩寺安置，所司供给。当时玄奘的译经事业正在火热进行中，故那提与玄奘并没有深入交流。显庆元年（656年），敕往南海诸国采集异药。其间，南海诸王为之立寺，那提于是在那里度人授法。为回复敕命并寻研所带经典，龙朔三年（663年）返回大慈恩寺，惜"所赍诸经，并为奘将北出，意欲翻度，莫有依凭"，仅译出《八曼荼罗》《礼佛法》《阿吒那智》等3部。时南海真腊国对他极为尊崇，远道请往，敕允。据云，那提乃龙树的门人，他"深解实相"，"小乘五部，毗尼外道、四韦陀论，莫不洞达源底，通明言义"，其"所解无相，与奘颇返"。那提著有《大乘集义论》，计有40余卷，但"将事译之，被遣遂阙"，令人惋惜。

牟尼室利，译为寂默，原为印度那烂陀寺僧人。唐德宗贞元九年（793年）出发来唐，贞元十六年（800年）抵长安，先住大兴善寺，后至崇福寺、醴泉寺，最后落脚大慈恩寺。他"请行翻译事，乃将奘师梵本，出《守护国界主陀罗尼经》十卷，又进《六尘兽图》"，"帝悦，檀施极多"。按，《守护国界主陀罗尼经》"是般若译，牟尼证梵本，翰林待诏光宅寺智真译语，圆照笔受，鉴虚润文，澄观证义焉"。牟尼室利于唐宪宗元和元年（806年）示寂于大慈恩寺。

金刚智，梵名为跋日罗菩提，南印度摩赖耶国人。少聪敏，16岁出家，曾在中印度那烂陀寺学修多罗、阿毗达磨等。受戒后，遍听十八部律。又到西印度学大乘诸论及瑜伽三密陀罗尼门。10余年中通达三藏。唐玄宗开元七年（719年）自印度来到中国，由广州至长安。有敕迎就大慈恩寺安置，寻迁至荐福寺。所住之刹，必建大曼荼罗灌顶道场，度于四众。先后译出《瑜伽念诵法》《七俱胝陀罗尼》等。金刚智是中国佛教密宗金刚界法主，与善无畏、不空并称"开元三大士"。

无极高，梵名为阿地瞿多，中印度人，"精练五明，妙通三藏"。唐高宗永徽三年（652年）携梵本来到长安，敕令安置在大慈恩寺。不久后，沙门大乘琮等16人，还有英国公、鄂国公等12人，请无极高于慧日寺浮图院建陀罗尼普集会坛，译有《陀罗尼集经》12卷等。

第三节 大慈恩寺与新罗僧、日本学问僧

一、大慈恩寺与新罗僧

唐代有不少新罗僧不远万里来到中国,不怕千难万险寻师问佛,如饥似渴地探究佛教真理。其中有些人学成回国,成为该国佛教的骨干或宗派的开山祖师;也有一些人永久留在了中国,继续探究佛理或布道而终。在这些入唐求法的新罗僧中,圆测、神昉、玄范、义寂、神廓、道伦等较为著名。

圆测,讳文雅,以字行。据说祖籍是中国幽燕一带,落户到新罗国后为牟梁里人。自幼出家,15岁入唐学习,在长安从法常、僧辩习法,"三藏奘师为慈恩基师,讲新翻《唯识论》,测略守门者隐听"①,与玄奘是师徒关系。但也有人认为《宋高僧传》中关于圆测偷听玄奘讲经的种种说法,皆为后人虚构的不实之词。圆测通古今章疏,尤长于地论、摄论学真谛。玄奘迁住西明寺时,圆测奉敕为五十大德之一,入住西明寺,"于宏福道场奉诏宣译"②,佐奘师翻译。玄奘本主"众生皆有佛性"说,但受戒贤嘱咐,回国后弘扬护法一系唯识学,主"一阐提人不能成佛"说,与圆测所宗真谛学说有矛盾。所以,在唯识宗内部,后来发展出以玄奘、窥基为首的慈恩系和以圆测为首的西明系。圆测之法化盛于武则天朝。示寂后葬于洛阳龙门香山,其弟子胜庄及西明寺住持慈善法师分其骸骨舍利,葬于长安终南山丰德寺东岭,起白塔供养。宋朝时,又迁至兴教寺玄奘塔旁。

神昉,新罗僧人,玄奘徒弟。贞观十九年(645年)来到长安法海寺。时玄奘自天竺还国,奉敕于弘福寺译经。神昉被征充译经证义,之后一直跟随玄奘,未离译经场。其翻译事迹,可考者有以下数次。永徽元年(650年)于大慈恩寺翻经院开译《本事经》,是年十一月译毕,共7卷;显庆元年(656年)于大慈恩寺翻经院开译《大毗婆沙论》,至显庆四年(659年)七月三日译毕,共200

---

① [南朝梁]慧皎,[唐]道宣,[宋]赞宁,等. 四朝高僧传[M]. 北京:中国书店,2018.

② [清]董诰,等. 全唐文[M]. 北京:中华书局,1983.

卷。在两次译经中，神昉为笔受。显庆四年冬十月，玄奘率诸翻经大德及门徒前往玉华寺，计划开译法相唯识方面的经典，并提名神昉、窥基、嘉尚、普光4人同受润色、执笔、检文、纂义。后因故改由窥基一人糅译。显庆五年（660年）正月一日开译《大般若经》，至龙朔三年（663年）完成，共600卷。龙朔元年（661年）七月九日在玉华寺八柱亭开译《缘起经》，神昉先后充缀文、笔受。至麟德元年（664年），玄奘入寂，神昉已在译场工作达20年之久。除参译之外，神昉还撰有《地藏十轮经疏》3卷、《成唯识论要集》10卷等。玄奘圆寂后，神昉自玉华寺还至大慈恩寺，后入灭。武三思为其撰塔铭（见《宝刻丛编》）。

玄范，韩国佛教著述中认为其为新罗僧，或谓其为玄奘门人。玄范少年出家，受学于当时的名僧，专通唯识学，精通因明，著述颇丰，曾在实叉难陀译场助译。曾注《金刚般若经》，有《玄范集》20卷。[1]

义寂，新罗僧，关于其传承，说法不一，有人说他是玄奘门人，有人说他师承窥基。义寂"端正甚学"[2]，著述颇丰。观其文，似宗西明系学说。

神廓，新罗僧，或谓玄奘门人，或谓师事窥基。事迹不详，有撰述3种。

道伦，又作遁伦，新罗僧，或谓玄奘门人，或谓师事窥基。事迹不详，有撰述10余种。

二、大慈恩寺与日本学问僧

中日两国一衣带水，自古往来就十分频繁。唐代中国政治、经济、文化都发展到一个顶峰，这对四邻周边都产生了极大的吸引力。特别是富有学习精神的日本，为了学习大唐先进的文化和制度，推动日本社会的发展和进步，派出了许多遣唐使，仅公元630年至834年就派出13批遣唐使[3]，使得中日之间的交往在唐代达到了一个高峰。唐文化的东传由此也达到了很高的程度，日本的政治体制、文字、建筑、宗教、文学等各个方面都受到唐文化的深刻影响。这些遣唐使回国后，对日本社会的发展起到了极大的推动作用。

佛教早在南北朝时期就传入了日本，而唐代作为中国佛教发展的重要时期，

---

[1] ［宋］欧阳修，等. 新唐书［M］. 北京：中华书局，1975.

[2] ［南朝梁］慧皎，［唐］道宣，［宋］赞宁，等. 四朝高僧传［M］. 北京：中国书店，2018.

[3] 王建新. 唐代的日本留学生与遣唐使［J］. 西北大学学报，2004（6）.

对日本佛教发展起到了不可估量的作用。在这个过程中，作为大唐的都城，长安处在极其突出的地位。当时的那些高僧大德中有许多都在长安城的佛教寺院翻译佛教经典，讲授经书，传扬佛法。长安城中佛教寺院无比繁荣的景象极大地吸引了远道而来的日本学问僧。"上国随缘住，来途若梦行。浮天沧海远，去世法舟轻。水月通禅观，鱼龙听梵声。惟怜一灯影，万里眼中明。"[①]当时日本的造船技术十分落后，横渡东海来中国是一件万分危险的事情。但东海的惊涛骇浪并不能阻挡日本僧人来中国寻求佛法。所谓"满帆若有归风便，到岸犹须隔岁期"[②]，充分体现了日本学问僧不畏艰险的决心。日本的许多僧人坚韧不拔，克服重重困难，终于到达长安。从隋炀帝大业四年（608年）到唐僖宗中和二年（882年）的近300年内，来华的日本僧人中，光是姓名可考的学问僧就有92人之多[③]，其中最终真正到达长安和长期留在长安学习的有40多人。这些僧人的费用支出基本上由日本政府承担。当然，唐朝政府对日本留学僧也给予了很多优惠政策和照顾，还设立了专门的机构进行管理。比如，对一些日本僧人，唐朝政府会发给他们一定的生活补贴，包括一定数量的绢帛、春夏秋冬的衣物和其他生活必需品；有时甚至会直接赐予他们粮食，支持他们学习佛法。当时许多日本僧人在寺院中的生活费用支出，仅靠寺院信徒的馈赠就能满足。日本僧人游历地方时，当地寺院会提供支持，而且允许他们把中国文化和技术带回日本。

日本学问僧最澄大约是在公元9世纪初来到中国的，当时唐朝因经历了安史之乱，整个社会环境大不如盛唐时期，但他还是前来学习天台宗教义等，回国时携带佛教经典230部共460卷。他最终成为日本天台宗的创立者，圆寂后被尊为传教大师。

在此之后，最澄的弟子圆仁等僧人继承最澄的弘法事业，不畏艰险，再次入唐。圆仁是日本"入唐八家"之一，唐文宗开成三年（838年）随日本第18批遣唐使入唐求法。先后在扬州、五台山参谒名师，后西向长安。在长安求法时，曾到大慈恩寺登塔览胜。圆仁到长安最重要的目的就是继承先师最澄的志

---

① ［清］彭定求，等. 全唐诗［M］. 增订本. 北京：中华书局，1999.
② ［清］彭定求，等. 全唐诗［M］. 增订本. 北京：中华书局，1999.
③ ［日］木宫泰彦. 日中文化交流史［M］. 胡锡年，译. 北京：商务印书馆，1980.

愿，学习天台密宗，求取密教经典，而在这方面，他离不开长安密教高僧的帮助。当时密教在长安非常流行，大兴善寺、安国寺、青龙寺、玄法寺等长安佛教寺院都是当时的密教中心，有许多密教高僧，如文悟、元政、元简、义真、法全等。圆仁主要在大兴善寺、青龙寺和玄法寺向元政、义真和法全等人学习密教大法。

圆仁等在中国学习的近10年中，在长安城就居住、学习了近5年，主要是在青龙寺等寺院研习胎藏法。他回日本时，携带的经典有584部共802卷，以及大量的法器。他后来成为日本天台宗第三代座主。圆仁还将自己在中国的所见所闻写成了《入唐求法巡礼行记》一书，书中所载的内容涉及当时社会的方方面面，对习俗、宗教、建筑，甚至对武宗灭佛和朝廷的军制如神策军等都有描写。这部书具有极高的价值，是研究唐代社会和唐长安城的珍贵历史文献。圆仁在中国学习、游历时，还与许多唐代僧人相交，结下了深厚的友谊。圆仁东返日本时，高僧栖白还专门作诗《送圆仁三藏归本国》留念，诗云："家山临晚日，海路信归桡。树灭浑无岸，风生只有潮。岁穷程未尽，天末国仍遥。已入闽王梦，香花境外邀。"①这充分体现了中国僧人对圆仁的深情厚谊。

日本僧人智通与智达一起渡海入唐，从玄奘及窥基学法相唯识学，时当唐高宗显庆三年（658年）。他们先后住过大慈恩寺、西明寺、玉华寺，学成后回国弘扬法相唯识学。这是法相宗的第二传。

日本僧人宗睿也是"入唐八家"之一，在唐懿宗咸通三年（862年）入唐求法请益，先后到过汴州、天台山，后至长安，从青龙寺法全受胎藏法灌顶，得法全传付金刚杵仪轨。又跟随大慈恩寺造玄、大兴善寺智慧轮等，尽得真言秘法。咸通五年（一说八年）回国，携带经论134部。

在唐代所有的日本学问僧中，空海是最著名、影响力最大的僧人之一。

空海（774—835），出生于日本赞岐国（即今日本四国岛香川县），俗姓佐伯。他的家族在当地属于名门望族，空海从小就接受良好的教育，加之天赋异禀又十分刻苦，所以年轻时就有非常好的文化素养。空海15岁时开始学习儒家传统文化经典《论语》《诗经》《左传》等。20岁时，他放弃了高贵的出身和官宦前途，从槙尾山石渊寺名僧勤操剃发为僧。后在奈良东大寺戒坛院受具足戒。

---

① ［清］彭定求，等. 全唐诗［M］. 增订本. 北京：中华书局，1999.

他在入唐前就已经写出了《三教指归》这样的著作，可是他并不满足，为了更深刻地理解佛教教义，于唐德宗贞元二十年（804年）随遣唐使团入唐。到长安后，空海即前往西明寺学习。第二年，空海前往青龙寺师从惠果学习密宗金刚界等。空海在长安的两年中，在各大寺庙的学习从无间断，几乎到了废寝忘食的程度。功夫不负有心人，空海在梵文、汉字书法和作诗等方面都达到了很高的水平，与嵯峨天皇、橘逸势共称为日本"平安三笔"。空海在长安留学期间，还与当时的著名书法家韩方明结下了深厚的友谊，二人一同探讨书法。空海的书法水平之高，在当时是有名的。有一次，皇宫内一个大殿的墙壁被损坏，墙上王羲之的书法也因此遭殃，于是空海被请来补写墙壁上损坏的书法部分。空海补完之后，连唐德宗都难辨真假，十分赞叹。

唐代中日之间的佛教交流是十分频繁的，由于长安地区高僧大德聚集，日本学问僧在研习和传播佛法的过程中不畏艰险、不辞辛劳，加上日本政府对学成归国的僧人非常重视，中日佛教交流取得了非常好的效果。一代又一代日本学问僧为了寻求佛法，不惧艰险来到中国，将佛法典籍带回日本。这不光是宗教传播的过程，也是其他文化传播的过程，中国的诗歌、儒学、建筑、城市规划、雕塑艺术、绘画艺术、医药技术和先进科技等也由此传入了日本。因而可以说，日本学问僧对唐代中日两国间的文化交流做出了极为突出的贡献。

长安城是大唐的译经中心，同时也是弘教中心和宗派创立中心，有着当时最优秀的高僧、最雄伟的佛寺和最丰富的佛教典籍。长安城的各个佛教寺院在佛教向日本传播的过程中起到了巨大的作用，吸引着一代又一代日本僧人前来学习。日本佛教的理论体系和宗派的形成，乃至日本佛教寺院的建筑形式，无不受到长安佛教和寺院的深刻影响。比如，在大慈恩寺跟随玄奘学习的日本僧人道昭回到日本后，创立了日本的法相宗；在青龙寺学习密宗的日本高僧空海回国后建立了金刚峰寺（在今日本和歌山县东部），开创了日本真言宗。

根据日本高僧圆仁所著的《入唐求法巡礼行记》可知，圆仁及其弟子惟正、惟晓等从登州赴五台山，前后历时两个月，途中仅仅依靠百姓的布施就能抵达。在这种大环境下，许多来华的日本僧人都能够非常顺利地在长安和其他地方学习佛法。由于唐代良好的文化政策和日本僧人的不懈努力，当时主要的佛教宗派相继传入日本，在奈良时代逐渐形成了6个宗派，历史上称为"南都六宗"。

许多日本学问僧都为佛教文化及中华文明的东传做出了突出贡献。比如，日本僧人道昭于唐高宗永徽四年（653年）入唐，唐高宗龙朔元年（661年）回到日本。他曾师从玄奘研习法相宗，回日本时带了大量佛学经典，存于平城京（今日本奈良）右京禅院，并开创了日本法相宗。智通、智达于唐高宗总章二年（669年）入唐，求学于玄奘。智通也是法相宗传人，在大和建观音寺，为法相宗第二传。智凤和玄昉等通过在大唐的学习，分别成为日本法相宗的第三传和第四传。此外，高僧道慈在长安不仅研习佛法经典，还绘制了长安西明寺的布局图带回日本，为日本佛教寺院的建造出谋划策。尤其是他参与的平城京大安寺的迁建，技术之高超令人赞服不已。道慈还将义净翻译的《金光明最胜王经》带回国内，以大唐的开元寺等寺院为参照，在日本各地都设立了国分寺，进行寺院管理。高僧普照于唐玄宗开元二十二年（734年）来到大唐学习佛法，长安的佛教寺院留下了他的足迹。普照回到日本后，仿照唐长安城在平城京道路两侧植树绿化。此外，还有一些日本高僧参与了长安的佛经翻译工作，比如僧人灵仙于唐德宗贞元二十年（804年）来到长安后，住长安城醴泉坊醴泉寺，协助般若三藏翻译了《大乘本生心地观经》8卷。他精通梵文，学识渊博，在唐代的翻译事业中是出类拔萃的人物。

在唐代众多日本学问僧中，最澄、空海、圆仁、圆行、常晓、圆珍、惠运、宗睿等成就最高，贡献最大，被称为"入唐八家"。8人中除了最澄与常晓之外，其余6人都有到长安佛教寺院学习的经历。其中几人受长安佛教宗派的影响，在日本开派立宗。这些人不仅在大唐学习佛法，回国时还携带了大量佛教典籍、法器等珍贵文物。如今，日本许多留存至今的珍贵文物都是当时流传过去的，如螺钿紫檀五弦琵琶、《菩萨处胎经》五贴等。此外，他们也将大量的其他图书带回了日本。可以说，他们在中日文化交流中所起的作用是全方位的。

第四节 当代大慈恩寺的重要佛事活动

大慈恩寺作为佛教寺院，香火从未间断。寺内的主要佛事活动除日常诵讲佛经外，还有以下两种。

一、纪念玄奘法师的活动

1964年，为纪念玄奘法师逝世1300周年，举行了有国内外佛教界人士参加的纪念法会。先是当年3月20日的一场法会，由西安市佛教协会会长朗照法师

玄奘、圆测、窥基雕像

主持，参加者有本地僧、尼、喇嘛、居士 51 人，以及日本佛教界知名人士西川景文长老、大河内隆弘长老等。法会上，大慈恩寺监院大昶法师（即许力工先生）简要介绍了玄奘法师的生平事迹及大慈恩寺的历史沿革，众僧诵经并宣读了疏文。更大规模的法会在当年 7 月 1 日举行，仍由朗照法师主持。参加者有本地僧俗 144 人，还有来自日本、锡兰（今斯里兰卡）、柬埔寨、印度尼西亚、缅甸、越南、巴基斯坦、尼泊尔、老挝、蒙古国等 12 个国家和地区的佛教界知名人士 38 人。先由僧众诵香赞及《般若波罗蜜多心经》，宣读疏文，唱僧宝赞，接着由外宾诵经，献花，最后僧众唱回向偈。疏文内容如下：

> 伏以
>
> 佛种缘起，引慈云于西竺；性海波澄，注法雨于东乾。敬维玄奘三藏大师，万里遥征，集佛海之精英；千载共仰，继瑜伽之绝学。道隆当代，文沛万方。故岭海贤哲，仰慧风而辐辏门庭；泰岱名德，探玄理而群参译场。功在慈恩一派，奕世同秉至教；文昭三藏圣典，诸宗均沾法乳。如是深恩，世代难忘。
>
> 兹值
>
> 大师上生睹史多天一千三百周年之期，西安佛教协会及四众弟子，同谒慈恩祖庭，恭建纪念法会，荐时蔬之菲供，焚戒定之心香，聊申孺慕之忱，用展丹衷之悃。
>
> 伏愿
>
> 佛光普照，鉴情田而福积智增；慧日舒光，遍寰宇而年丰人寿。大地息侵略之险波，人海起正义之金汤。必敬必戒，怀先德而慈育民胞；即修即证，裕后昆而垂泽孙枝。世界人民友好，共卫天下和平。
>
> 谨疏。

二、与世界各地宗教团体的交流活动

改革开放以来至 2000 年，到大慈恩寺参礼、访问、交流的中国港澳台地区的宗教代表团，以及外国宗教代表团列举如下：

1986 年，中国香港佛教团、日本法隆寺访问团、日本护国寺访问团。

1987 年，日本药师团、日本日莲宗访华团、日本真言宗访华团。

1988年，日本清水寺访华团、日本圣德太子访华团、日本曹洞宗访华团。

1989年4月4日，中国台湾佛光山星云法师等100人；8月23日，日本奈良佛教观光团33人。

1990年3月1日，中国香港宝莲寺礼佛团70人，由圣一法师率领；4月7日，泰国佛教团50人；4月25日，日本佛教团7人。

1991年8月16日，日本佛教团40人；9月7日，韩国佛教团若干人；9月9日，日本佛教团44人；9月18日，日本《大般若经》奉纳之旅观光团188人；10月1日，日本药师寺高田好胤所率日本《大般若经》奉纳之旅游观光团399人。

1992年4月1日，日本佛教团15人，由中国佛教协会周绍良副会长陪同；4月23日，泰国副僧王所率佛教团30人，赠予大慈恩寺铜佛像；6月28日，日本净土宗佛教代表团60人；8月1日，泰国佛教代表团5人；11月23日，泰国佛教代表团30人。

1993年6月26日，泰国僧王颂得帕耶纳桑文所率50人，赠予大慈恩寺佛像；6月29日，泰国佛教团体30人；7月3日，日本日莲宗佛教代表团9人；10月6日，日本真言宗佛教代表团240人；10月9日，日本埼玉县华林山慈恩寺11人；10月24日，日本天台宗《大般若经》僧团31人；10月27日，日本佛教演唱团42人；10月31日，泰国佛教代表团6人；11月2日，泰国佛教代表团6人；12月2日，日本药师寺先遣团10人。

1994年3月16日，日本药师寺《大般若经》奉纳团310人；5月6日，中国香港佛教团35人；6月6日，日本佛教代表团，由陕西省宗教局带来；7月25日，泰国观音娘娘庙11人；9月7日，日本真言宗佛教代表团115人；9月9日，中国香港青松观道长侯宝垣等32人；9月10日，日本涛心书道会42人；9月30日，中国香港道教协会副主席一行4人。

1995年4月3日，印度佛教协会会长等7人；4月27日，日本心芸莫美协会奉纳《大般若经》代表团12人；6月13日，泰国佛教团21人，赠予大慈恩寺佛像一尊；8月14日，韩国天台宗佛教团8人；10月15日，加拿大佛教代表团16人；11月8日，日本佛教代表团35人。

1996年4月10日，日本浪江町书法家访问团16人；4月25日，日本药师寺37人；5月22日，日本真言宗代表团140人；6月10日，日本茶道代表团40人；9月4日，日本佛教团25人；10月14日，新加坡佛教团6人；11月6

日，日本福冈县居士 5 人。

1997 年 2 月 9 日，中国香港、澳门佛教团 88 人；3 月 6 日，日本药师寺佛教团 7 人；4 月 24 日，中国台北佛教协会会长等 107 人；5 月 20 日，日本第七次北岛佛教访华团 44 人；5 月 26 日，韩国佛教代表团 32 人；8 月 20 日，日本佛教代表团 30 人；8 月 22 日，日本药师寺佛教代表团 110 人；8 月 26 日，日本净土宗佛教代表团 25 人；9 月 10 日，中国台湾佛教团 30 人。

1998 年 6 月 7 日，日本佛教会会长等 4 人；6 月 9 日，印度佛教会会长、亚洲佛教印度分区主席等 4 人；7 月 5 日，日本佛教代表团 12 人；9 月 30 日，挪威等 7 国佛教团 47 人，中国香港佛教代表团一行 38 人；10 月 21 日，中国台湾佛教开成寺常住学院院长、住持等 23 人；11 月 6 日，韩国佛教代表团 25 人。

1999 年 2 月 23 日，日本服装设计大师（居士）等 40 人；3 月 12 日，日本净土宗研究院研究员 1 人；4 月 16 日，日本玄奘三藏会 15 人；5 月 18 日，日本净土宗代表团 20 人；6 月 2 日，日本佛教代表团 35 人；7 月 15 日，日本药师寺佛教团川崎住持等 15 人；8 月 26 日，日本净土宗佛教团 35 人；9 月 5 日，新加坡佛教居士 120 人，美国华侨佛教代表团 33 人，中国台湾佛教代表团、居士团 32 人；10 月 20 日，日本佛教代表团 50 人；10 月 23 日，日本药师寺佛教代表团 7 人。

2000 年 9 月 7 日，中国台湾佛教禅净协会理事长惠空法师一行 3 人。

大慈恩寺接待的宗教团体以佛教团体为主，且有逐年增多的趋势。

另外，大慈恩寺也常年接待各地区、各国领导人。

第九章　梵境新宇

第一节　中华人民共和国成立后
大慈恩寺与大雁塔的情况

大慈恩寺和大雁塔自修建以来，历经千年沧桑，经过多次修葺与重建。明万历三十二年（1604年），因大雁塔损毁严重，陕西巡抚对大雁塔进行修葺，包砖加固了塔体，并重建了塔内楼梯。重修后的大雁塔仍以唐代建筑风格为主，就是我们今天见到的样子。中华人民共和国成立以后，政府对大慈恩寺和大雁塔进行了一系列的修缮和保护工作。

现今的大雁塔是西安市的地标，是古都西安和陕西省的象征。它是过去辉煌历史的见证，也是新的时代的见证。[1]

一、成立西安市大雁塔保管所

为了更好地保护大慈恩寺和大雁塔，1956年，西安市政府成立了西安市大雁塔保管所。保管所曾经归属于西安市文化局、文物局、文物园林局。1983年，因落实国家宗教政策的需要，经市政府研究决定，大雁塔保管所改由西安市民

---

[1] 马雅茹. 当代文学中的西安书写［D］. 西安：西北大学，2019.

族宗教事务委员会（西安市宗教事务局）管理。

大雁塔保管所的成立，说明大雁塔的管理向着专业化迈进了坚实的一步。保管所的工作人员对大慈恩寺及大雁塔的文物进行系统的日常监测，并建立日志，记录古建筑的维护情况，定期向西安市文物局汇报；关于大雁塔的防护加固、现状整修等文物保护工程事项，向文物主管部门提出申报，得到批准后进行；此外，还负责大雁塔的旅游管理和突发应急事件处理。保管所成立后，大雁塔的历次修补都是在保管所的建议下经上级部门审议后进行的。大雁塔保管所成立后，加强了对大雁塔景区的规范化、标准化管理，促进了景区发展，提升了城市形象，为西安旅游事业的繁荣发展做出了贡献。

二、入选第一批全国重点文物保护单位

根据《中华人民共和国文物保护法》第十三条规定，国务院文物行政部门在省级、市级、县级文物保护单位中，选择具有重大历史、艺术、科学价值的，确定为全国重点文物保护单位。1961年3月，国务院公布了第一批全国重点文物保护单位180处，大雁塔位列第63位，足见大雁塔在中华文明中的标志性地位和全国性意义。

三、打造大雁塔风景区

大慈恩寺原面积为300多亩，目前面积仅为原来的七分之一。中华人民共和国成立后，大慈恩寺仅存唐代的塔和少数清末民国的建筑，环境非常简陋，无法凸显大唐气象。20世纪80年代，西安市政府致力于打造以大慈恩寺、大雁塔、曲江为核心的唐文化风貌区，先后修建了唐华宾馆、唐歌舞餐厅和唐代艺术博物馆等建筑，以唐代园林建筑风格的组群建筑烘托大雁塔的雄奇。

20世纪90年代，大雁塔开始被整体规划设计，张锦秋院士为设计师。1993年，张锦秋完成了大雁塔的整体规划设计，建议在寺庙西部新建僧人生活区，在寺庙东部完善接待服务设施，在大雁塔北部新建玄奘三藏院，形成以中轴为主、三路并进的规划格局，并大力优化、提升寺庙的园林环境。[①]2001年，西安市政府在大雁塔南边修建了大雁塔南广场，以玄奘雕像为中心。玄奘雕像、大雁塔、

---

① 张锦秋. 历史文化是城市的灵魂［N］. 中国建设报，2019-06-17（4）.

大雁塔景区

玄奘三藏院三位一体，成为西安市的一处新地标。

四、入选《世界遗产名录》

2014年6月，大雁塔入选《世界遗产名录》，这表示大雁塔的保护与开发进入了新的阶段。根据联合国教科文组织发布的《保护世界文化和自然遗产公约》，被世界遗产委员会列入《世界遗产名录》的地方，将成为世界级的名胜，可接受世界遗产基金会提供的援助，还可由有关单位组织游客来游览。入选《世界遗产名录》大大提升了大雁塔的知名度，也可以带来可观的社会效益与经济效益，还能为大雁塔的保护提供便利。

附：中华人民共和国成立以来大慈恩寺与大雁塔整修年表

1952年，西安市政府拨款整修大慈恩寺山门。

1954年，整修大雁塔内楼梯，整饰塔内墙面。

1956年，西安市人民政府为加强文保工作，设立了西安市大雁塔保管所。

1959年，修葺了大雁塔基座、栏杆、塔檐及砖砌台阶，并铺设地坪。

1962年，大雁塔塔顶安装避雷设施。

1963年，西安市政府拨款补修大慈恩寺大殿，整修大雁塔塔顶。

1979年，西安市政府拨款增建办公室。

1982年，西安市政府拨款增建茶园服务部。

1983年，西安市政府拨款整修大慈恩寺藏经楼。

1985年，西安市政府拨款整修大慈恩寺大殿。

1987年，西安市政府拨款整修大慈恩寺钟鼓楼。

1989年，立常真老和尚舍利塔和朗照法师舍利塔于寺内。

1990—1992年，对大雁塔第二层塔檐进行加固，维修塔顶，更换底层部分坏砖。

1995年6月至1996年6月，完成大雁塔避雷系统改造工程。

1996年，翻修寺内全部地面，中轴线通道全部改为青石铺地。

1997—2000年，全面整修、扩建大慈恩寺，增建玄奘三藏院，新建方丈院、僧人院、管理院、文管院和东西配殿。

1999年10月，在大雁塔供奉印籍华人高僧所赠佛舍利。

2000年，大雁塔南广场（玄奘广场）竣工，总面积2万多平方米，玄奘青铜雕像伫立在广场中央，供中外游客瞻仰。

2001年，重建大慈恩寺山门。

2001—2003年，完成大雁塔塔顶及塔檐防渗加固工程，安装塔底层四周铁质仿唐防护围栏。

2003年，大雁塔北广场落成。

2008年5月至8月，汶川大地震后，大雁塔塔体室内全部粉刷、油漆，塔内照明电路、弱电系统重新设计改造，改造木地板等。

2009年，重修大慈恩寺大雄宝殿。

2012年6月，针对汶川大地震引发的大雁塔顶部渗漏问题，再次实施塔顶养护工程。

2013年10月，完成大雁塔塔体安全监控系统数字化升级改造。

2016年6月至8月，对大雁塔塔体实施整体修复性养护。

第二节　大慈恩寺与大雁塔的现状

大慈恩寺是唐代最著名、最宏大的皇家寺院，大雁塔由玄奘法师主持督造，在中国佛教史上具有重要的意义。现在的大慈恩寺与大雁塔，既是西安著名的旅游胜地，也是重要的文化地标。

现今大慈恩寺的基本格局是前寺后塔，寺院的正门分成三座，中间的是空门，东边的是无相门，西边的是无作门，象征入门三解脱，从此远离尘世。寺院东边有一座钟楼，里面悬挂着一口铁钟，钟上有"雁塔晨钟"四个大字，这是"关中八景"之一。西边是一座鼓楼，楼里悬挂着一面大鼓。寺中僧人皆是闻钟而起，听鼓而眠，过着清心寡欲的生活。大雄宝殿是大慈恩寺的中心建筑，庄严肃穆。大雁塔与寺院的其他殿宇相互映衬，显得清秀典雅。

寺院内的主体建筑有大雄宝殿、大雁塔、玄奘三藏院、灵骨塔、兜率宫等。

一、大慈恩寺现存主要建筑

1. 大雄宝殿

大雄宝殿位于寺院中心的高台上,初建于明天顺二年(1458年)至成化二年(1466年),清光绪十三年(1887年)曾大修。大殿上面的三座塑像是释迦牟尼三身像,中间的叫法身像,西边的叫报身像,东边的叫应身像。三身佛东侧立有释迦牟尼的十大弟子之一迦叶的塑像;西侧立有释迦牟尼的堂弟阿难的塑像,他侍从释迦牟尼25年,也是十大弟子之一。两侧是十八罗汉和玄奘的塑像。大雄宝殿后面有讲堂,为佛教徒讲经说法之处,供奉着一尊阿弥陀佛铜像,高1米多。殿内珍藏玄奘亲手供奉的佛座一件,还有唐代青响石四大天王像,据说此石是蓝田玉山所产的玉石,敲之铿锵有声,清脆悦耳。

大雄宝殿

2. 大雁塔

大雁塔是仿木结构的四方楼阁式砖塔，由塔基、塔身、塔刹组成，高64.7米。塔基高4.2米，南北长约48.7米，东西长约45.7米。塔体呈方锥形，平面呈正方形，底边长为25.5米。塔身高59.9米，塔刹高4.87米。塔体各层均以青砖模仿唐代建筑砌檐柱、斗拱、阑额、檐枋、檐椽、飞椽等仿木结构，磨砖对缝砌成，结构严整，磨砖对缝坚固异常。塔身各层壁面都用砖砌扁柱和阑额，柱的上部施有大斗，每层四面的正中各开一个砖砌拱券门洞。塔内平面也呈方形，各层均有楼板，设有扶梯，人可盘旋上至塔顶。塔上陈列有佛舍利、佛足石刻、唐僧取经足迹石刻等。塔的底层四面皆有石门，门楣上均有精美的线刻佛像。西门楣上为阿弥陀佛说法图，图中刻有富丽堂皇的殿堂，画面布局严谨，线条遒劲流畅，传为唐代画家阎立本的手笔。底层南门洞两侧镶嵌着《大唐三藏圣教序》和《大唐皇帝述三藏圣教序记》两通石碑，具有很高的艺术价值，人称"二圣三绝碑"。

大雁塔一层设有古塔常识及中国名塔照片展，展示了佛塔的起源与发展、结构与分类。塔座登道的东侧墁砖处，平卧着一通玄奘取经跬步足迹石，所刻图案生动地反映了玄奘当年西去取经的传说故事，以及他万里征途积于跬步的奋

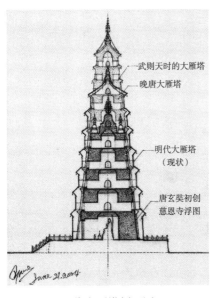

历代大雁塔剖面图

杨鸿勋复原玄奘时的大雁塔图

斗精神。二层供奉着一尊铜质鎏金的释迦牟尼佛像，系明初宝贵文物，被视为"定塔之宝"。在两侧的塔壁上，还附有文殊菩萨、普贤菩萨壁画两幅，以及现代名人书法作品多幅，内容多是唐代诗人登临大雁塔有感而发所作的诗句。三层塔室的正中安置有一木座，座上存有珍贵的佛舍利及大雁塔模型，模型是严格按照1∶60的比例制作，惟妙惟肖。四层供奉着两片长约40厘米、宽约7厘米的贝叶经，上面刻写着密密麻麻的梵文。五层陈列着一通释迦如来足迹碑，上面有诸多佛教图案，内涵十分丰富，素有"见足如见佛，拜足如拜佛"之说法。六层悬挂有唐代诗圣杜甫与岑参、高适、薛据、储光羲等5位诗人在诗会上所作的佳作。据载，天宝十一年（752年）晚秋，5位诗人相约同登大雁塔，凭栏远眺，一时触景生情，赋诗述怀，留下了千年佳作。七层为塔的最高处，在此远眺四周，古都西安四方之景可尽收眼底。塔顶刻有莲花藻井，中央为一硕大莲花，花瓣上共有14个字，连环为诗句，有数种念法。壁上陈列的玄奘所著《大唐西域记》中，记载了他在天竺听闻的僧人埋雁造塔传说，为游人提供了最可信的雁塔由来之论说。

大雁塔作为现存最早的、规模最大的唐代四方楼阁式砖塔，是佛塔这种古印度佛寺的建筑形式随佛教传入中原地区并融入华夏文化的典型物证，是凝结了中国古代劳动人民智慧结晶的标志性建筑。

随着时代变迁，因自身结构等问题，加之人为破坏，大雁塔的塔身早在700多年前就已开始倾斜。到1985年，大雁塔已倾斜了998毫米。至1996年，大雁塔向西北方向倾斜达1010.5毫米，平均每年倾斜1毫米。

大雁塔发生倾斜的原因主要有以下几个：其一，建筑物沉降现象使然，"十塔九斜"也是历史沉降的结果；其二，大雁塔周边的地下水被过度抽取。历史上西安居民的饮用水以地下水为主，特别是近现代以来凿井数量增加，过度采用地下水，导致西安城区承压水位急剧降低，形成了200多平方千米的地下水降落漏斗区，而大雁塔一带的地下水位已降至100米以下。

1983年，西安市政府将"大雁塔倾斜问题及其加固研究"列为重大科研项目，并成立了课题组。后经有关部门20多年来进行的探察、保护、排水、防渗等方面的综合整治，大雁塔的倾斜状况已明显趋于缓和和稳定。其后，西安市政府实施了封井措施，并加大了地下水回灌力度，将地表水注入地下含水层，以增加地下水储量，使大雁塔向西北方向倾斜的问题得到有效遏制。大雁塔在2003年年底、2004年年初开始缓慢"改斜归正"。如今，具有1300多年历史的大雁塔整体处于动态平衡。

为了加强对大雁塔的保护,科学工作者进行了大量的研究和试验,制定了详尽的保护方案[1],不仅制止了其继续倾斜,还对其建筑材料尤其是砖材的风化情况进行了研究,从而延缓了其风化的速度,使大雁塔不至于再度遭到自然的侵害。

3. 玄奘三藏院

玄奘三藏院位于大雁塔北面,由著名设计师张锦秋设计,建筑面积5000多平方米,整体风格为仿唐式。玄奘三藏院由西院光明堂、中院大遍觉堂和东院般若堂三部分组成,是目前国内规模最大的玄奘纪念馆。

玄奘三藏院

---

[1] 和玲,甄刚,周伟强. 大雁塔和法门寺砖材保护研究[J]. 文物保护与考古科学,2004(3):33-39.

整个建筑通过大型浮雕来展示玄奘大师的人生经历。西院光明堂通过铜刻和木雕壁画，展示了玄奘人生中的"参学求法"阶段，包括玄奘出生、求学、西行求法直到从天竺取经回国的经历。东院般若堂展示的是玄奘人生中的"译经弘法"阶段，包括大唐王朝隆重欢迎玄奘归来，玄奘在大慈恩寺译经、传经、弘法等事。中院大遍觉堂表现的是"玄奘取经"这一历史事件的宗教背景，贯穿了过去、现在、未来三个时空观念的佛教文化思想。

殿中有一座青铜铸成的高 3.6 米的玄奘雕像，展现出《大慈恩寺三藏法师传》中所说的"端严若神，美丽如画"的形象，透露出一种"法门领袖""民族脊梁"的特质。青铜雕像前的镀金宝塔中，供奉着玄奘顶骨舍利。

4. 塔林

大慈恩寺塔林为清代古塔群，共有灵骨塔 9 座，其中古塔 6 座，分别建于清代的不同时期，其中一座为八角经幢式石塔，其余均为六角砖塔。塔身南面均嵌有塔铭，其中记载了僧人法号、年款等。灵骨塔砖雕石刻饰件颇为精妙，塔刹多为宝珠装饰。

大慈恩寺塔林

二、大慈恩寺重要文物遗存

1. 二圣三绝碑

二圣三绝碑从建塔时就镶嵌在大雁塔底层南门洞两侧的塔壁龛内，故而历经1400多年仍文字清楚，雕刻如初。两碑碑文与碑额相对排列，左右对称。"二圣"是指唐太宗李世民和唐高宗李治，他们分别撰写了《大唐三藏圣教序》和《大唐皇帝述三藏圣教序记》。"三绝"，第一绝指碑文内容由两位皇帝御撰；第二绝指碑文内容宣扬的是玄奘法师西天取经弘法，弘扬佛教的丰功伟绩；第三绝指碑文是由当时著名的书法家褚遂良书写。如此石碑，冠绝天下，凸显了皇家寺院大慈恩寺的神圣与庄严。碑文中"有玄奘法师者，法门之领袖也"一句，高度赞扬了玄奘法师。

两块石碑于唐高宗永徽四年（653年）修成。《大唐三藏圣教序》是唐太宗李世民为玄奘法师翻译的佛经撰写的序文，碑额为隶书"大唐三藏圣教之序"。唐高宗李治撰写的《大唐皇帝述三藏圣教序记》，碑额为篆书"大唐三藏圣教序记"。褚遂良的字遒劲有力，瘦劲流畅，如锥画沙。这两方石碑是唐代石碑中的精品，是研究唐代书法史的重要资料。

2. 雁塔题名碑

唐代进士在杏园宴结束后便到大雁塔题名，以示荣耀。大雁塔现存多通历代题记，仅明清时期乡试举人效仿唐代进士留下的雁塔题名碑就有200余通。明世宗嘉靖十九年（1540年）陕西乡试题名碑文为："名题雁塔，天地间第一流人第一等事也。"题名碑上还有诗句，如："题名在四壁，胜迹衔云往。""高标双阙外，流影霸陵津。揽辔还登临，题名继古人。""唐家科第贵，进士门楣光。放榜集慈恩，名题雁塔旁。"

3. 佛舍利

修建大雁塔很重要的一个目的就是保存玄奘法师从天竺带回来的舍利。《大慈恩寺三藏法师传》中记载玄奘法师带回来150枚肉舍利和一函骨舍利（没有具体数量），还记载了大雁塔"层层中心皆有舍利，或一千、二千，凡一万余粒"。但大雁塔中并未发现那一时期的舍利。1998年，印度玄奘寺的住持释悟谦法师向大慈恩寺捐赠了两颗佛舍利（一颗直径3.5毫米，一颗直径1.5毫米），一颗为释迦牟尼真血舍利，一颗为释迦牟尼真骨舍利。大慈恩寺将此佛宝陈列于大雁塔第三层塔室正中。

4. 贝叶经

大雁塔第四层现存有贝叶经。玄奘西行天竺时，天竺所有的经文都是书写在经过特殊处理的贝多罗树树叶上的。玄奘法师从天竺带回的657部经卷全为贝叶经文。

5. 释迦如来足迹碑

释迦如来足迹碑陈列于大雁塔第五层，是依据玄奘法师晚年于铜川玉华寺请石匠李天诏所刻制的佛足造像复制而成。

碑石上刻有诸多佛教图案，"卍"字代表火焰和光明，双鱼代表解脱，宝瓶象征聪慧，海螺象征布道，三钴代表护法，掌心处千辐轮代表转轮王，千辐轮下面即为大梵天王图案。

佛教初立时不拜佛像，所以佛祖释迦牟尼是没有造像的，弟子们都瞻仰、朝拜佛祖留下的足迹，拜佛足即为拜佛祖。玄奘取经返回时，带回佛足迹印图献给太宗李世民，太宗敕令将佛足迹印图刻石，以供信众瞻仰和朝拜。

6. 鎏金铜佛像

鎏金铜佛像为佛祖释迦牟尼像，系明初文物，通高60厘米。佛像神态安详，双目微启，结禅定印。如此端坐凝心，专注一境，反映了佛教通过修心养性、定慧双运而获得佛法觉悟、般若智慧的崇高境界，故此佛像被视为定塔之宝。

7. 雁塔晨钟

古代计时不方便，人们为了便于知道时间，往往修建钟鼓楼。钟鼓楼上早上敲钟，晚上击鼓，为人们报时。唐代长安城实行宵禁制度，暮鼓声响起之后就要关闭城门，行人赶紧回家；早上钟声响过之后才能打开城门。白行简《李娃传》中写道："久之日暮，鼓声四动。……姥曰：'鼓已发矣，当速归，无犯禁！'"

大慈恩寺的钟楼上悬挂着一口明嘉靖二十七年（1548年）铸造的雁塔晨钟，此钟高3.4米，蒲牢钟纽高70厘米，另有"日"字形双悬挂式挂件紧系钟纽，将钟悬挂于钟架之上。钟口直径2.2米，钟口唇缘厚12厘米，钟肩部饰以覆莲图案，有6个出音孔，每孔直径15～16厘米。钟上铸有"雁塔晨钟"四个苍劲的大字和铭文"皇图永固，帝道遐昌，佛日增辉，法轮常转"。钟内铭文为："陕西西安府□□有大慈恩寺乃大□□无漏寺，因三藏西域取经回还，大唐太宗敕建慈恩雁塔晨钟，日久……造晨钟一口，用铁三万斤，功成浩大，独立难行，乞券秦藩宗室率官长老十方善男信女喜□资财,成功于嘉靖二十七年吉月吉日铸造完成。"

雁塔钟楼

三、大雁塔广场

作为西安市的标志性建筑，20世纪80年代以后，政府投入巨资改造大慈恩寺和大雁塔，围绕寺院和大雁塔修建了东、西、南、北四个广场，并在南广场上修建了玄奘铜像——他身披袈裟，手持锡杖，面朝前方，目光坚定，步伐沉稳，仿佛正坚定不移地走在西行取经的路上，任何艰难险阻都不能阻挡他前行的脚步。

大雁塔广场是西安市的标志性建筑，也是亚洲最大的唐文化主题广场。古典文学专家霍松林游览大雁塔后作诗曰："水木清华楼殿新，繁花似锦草如茵。人文荟萃园林美，益智怡神乐万民。"大雁塔广场以大雁塔为中心，集文化景观、步行街、园林、商贸于一体，分为北广场、南广场、雁塔西苑、雁塔东苑、雁塔南苑、大慈恩寺、步行街和商贸区等，占地近1000亩。

大雁塔南广场位于大慈恩寺正前方，广场造型是对佛教文化的阐释，由著名设计师张锦秋院士规划设计，占地32.6亩，包括玄奘雕像、园林绿地、花岗

大雁塔北广场夜景

岩地面和水面过桥等设施，2001年建成并对外开放。

大雁塔南广场以玄奘雕像为中心，彰显雁塔古刹文化。玄奘雕像表现了玄奘悲天悯人的宗教情怀和积极入世的精神。四周的花岗岩地面与小桥凸显了南广场的庄严肃穆，与正后方的大雁塔一道，向人们传达了佛法的庄严与生命的奥秘。

大雁塔北广场位于大雁塔北部，是陕西省的形象景点和文化景点，北起雁塔路南段，南接大慈恩寺北外墙，东到广场东路，西到广场西路，东西宽218米，南北长346米，占地100余亩，建筑面积约11万平方米，2004年建成并对外开放。北广场以大雁塔为中轴线，分为三个相等的部分，中央为主景水道，左右两边分布着唐诗园林区、法相花坛区、禅修树林区等景观，广场南端设置有水景落瀑、主题水景、观景平台等。

北广场南北落差9米，设计为9层台阶，每层台阶踏步为5级，意为"九五之尊"。由北向南拾级而上，象征着对大雁塔的膜拜。广场入口处设立了两个9米高的万佛灯，建有4个6米高的大唐文化柱，塔间是长5米、宽4.3米的铸铜书，表现了大唐的盛世景象。

北广场的主景水道上有8个篮球场大小的大型喷水池，呈阶梯式上升，每个喷水池既可各自按照不同的音乐喷水，又可以合并形成巨大的叠水景观和矩阵喷泉。

主景水道左右两侧为对称的绿化造景设计，不光采用了唐代里坊的九宫格布局，每个区域也都着意凸显大唐文化精髓：莲花水池中矗立着大唐诗、书、画、印演绎的水景雕塑小品；以写意的手法雕塑的8位大唐文化精英人物展现在人们面前；唐文化中最具代表性的书法艺术被制成地景浮雕供游人和市民观赏，烘托出唐文化的雄浑博大。

大雁塔北山墙的《大唐盛世》浮雕长106米，将繁华的大唐胜景浓缩在这百米长卷之中。墙下的跑泉、火泉等水景，由观景平台与110米长的音乐喷泉瀑布墙相连，墙上绘有《丝绸之路》浮雕，落瀑高达3.5米，成为主景水道的壮阔背景。《大唐盛世》浮雕显示出大唐气象，《丝绸之路》浮雕展现了古代丝绸之路的繁华盛景。

大雁塔北广场是全亚洲最大的喷泉广场、最大的水景广场，8级叠水池中的8级变频方阵是世界上最大的方阵。独立水型有22种，其变频方阵（排山倒海水型）如莲花朵朵；百米变频跑泉如云海茫茫；海鸥展翅、蝶恋花、水火雾及

60米高的喷水柱等，都是我国最新推出的科技含量较高的新颖水型。北广场喷泉中设计有60米宽、20余米高的大型激光水幕，4台喷火泉从水里喷出，在6米高空充分燃烧，低温爆开，更增加了整个喷泉的夺人气魄。

雁塔西苑位于大雁塔北广场西侧，以园林为主要特色，设有民俗风情浓郁的雕塑，整体景观与大雁塔北广场浑然一体，相映成趣。雁塔西苑彰显地域文化色彩，以陕西民俗文化为主题，用活灵活现的雕塑艺术形象集中展示陕西关中、陕南、陕北等地具有代表性的民俗风情，如皮影、剪纸、泥塑、陕西八大怪、农村嫁娶场景、吹糖人、踩高跷、老城趣事及白鹿原系列等，颇有韵味。

雁塔东苑位于大雁塔北广场东侧，是突出陕西地域特色、具有公益性质的文化场所——戏曲大观园。通过戏曲彩绘雕塑、地方戏曲铸铜浮雕、陕西大戏剧家人物群雕、陕西著名戏曲演员人物群雕等四大类雕塑群，体现出陕西地域文化的特点，展现出大秦腔的独特魅力。漫步于戏曲大观园，看脸谱容颜，观名剧雕塑，耳边仿佛传来阵阵鼓乐之声。《五典坡》《三滴血》《柜中缘》《斩李广》等多个秦腔传统剧目组成的雕塑群形象生动逼真，正所谓"忠孝信义雄举，美丑善恶昭彰，世间百态尽在其中"。

第三节 大慈恩寺的僧众组织及其生活情况

大慈恩寺是法相宗祖庭，名僧辈出。玄奘法师在大慈恩寺翻译了大量佛经，包括法相宗经典。其弟子窥基法师和圆测法师又将唯识学说进一步弘扬、发展，推向极致。此后法相宗日渐衰微。唐代中后期，政治中心与经济中心东移，长安佛教全面衰落，僧众减少，寺院荒芜。直到20世纪二三十年代，西北佛教才慢慢复兴。

一、慈恩学院

20世纪二三十年代，陕西佛教开始有了起色，其中一个重要原因就是慈恩学院的成立。当时的国民政府赈济委员会委员长朱子桥常年奔走于山西、陕西、河南之间，进行救灾活动。在救灾的同时，他还非常注意保护当地的历史文化遗产，为长安诸佛寺的修葺和法门寺的保护做出了重要的贡献。从1930年起，在朱子桥的主持下,"历修华严初祖、四祖塔,兴教寺玄奘、窥基、圆测诸师塔,并重修大雁塔,而大兴善寺、青龙寺、千福寺及泾阳大寺、岐山太平寺、扶风龙光寺等,相继重修",同时实行丛林制度,上殿过堂,使弘法活动走向正规化。

在修葺大雁塔和弘法的基础上,朱子桥与李福田、唐慕汾、康寄遥、慈善会诸善长及陕中缁素,共同发起于大慈恩寺内创建慈恩学院一事,成立慈恩学院董事会,共推杨子繁、朱子桥、康慕汾、饶聘卿、江能瑞、李福田、路禾父、雷仲南、王子瑞、俞嗣如、康寄遥等为董事,由江能瑞负责筹备。朱子桥还为慈恩学院筹备《龙藏》一部、《大正藏》一部、《卍正藏》一部、《续藏》一部,并延聘太虚、持松、妙阔诸法师主持学院教学工作。

慈恩学院建立后,提出"佛教革命"的民国四大高僧之一的太虚法师,应朱子桥等人的邀请到西安讲学、弘法,受到陕西各界的热烈欢迎。太虚法师拜谒了佛教诸宗的祖庭大兴善寺、大慈恩寺、华严寺、荐福寺、兴教寺等,并在大慈恩寺宣讲《弥勒上生经》。太虚法师在讲学、弘法期间,与康寄遥、妙阔法师、宝生和尚和常真和尚一起规划慈恩学院的教学问题,拟定相关规章制度,进行筹备工作。他们推举叶誉虎为副檀护长,康寄遥、路禾父、高戒忍、雷仲南分别承担总务、会计、事务、文书等职务,还决定请妙阔法师于会后三日内自兴教寺迁至大慈恩寺筹办教务。

慈恩学院创立之初,设在大慈恩寺内,后迁至兴教寺。妙阔法师成为学院的主要讲师。从此,陕西佛教逐步复兴,法相宗也随之复兴。

二、大慈恩寺的管理机构

在佛教的发源地印度,佛教寺院大多修建在城郊幽静的林地,幽深静谧,适合僧人清修。僧人在此营建精舍,故而僧人居住的地方被称为"丛林"或"兰若"。据《禅林宝训音义》载,"丛林"二字系取其草木不乱生长之义,表示其中有规矩与法度。

一般寺院的管理机构由方丈和四大班首、八大执事组成。另外还有很多侍者和其他负责人。由执事处理寺院繁杂的日常事务。僧众们看重的是内心的修行,而不是职务的高低。

增勤法师是大慈恩寺现任方丈,也是中国佛教协会副会长、西安市佛教协会会长、西安佛教文化研究中心主任、西安市政协常委。

增勤法师

增勤,出生于1962年,甘肃华亭人,父母均信奉佛教。1988年,增勤拜入西安大兴善寺慧雨方丈座下,从小沙弥做起,精心研习佛教经典、佛学经卷。在精研佛学的基础上,先后担任大兴善寺知事、副监院、西安市佛教协会秘书长等职务,走上了佛寺管理之路。1995年9月,增勤由大兴善寺调任大慈恩寺监院。他从小就对玄奘法师十分仰慕,进入佛门后一直把玄奘法师视为自己的楷模。

增勤法师到大慈恩寺后,即着手整修寺宇,弘法度人。在增勤法师及全寺僧众的努力下,全亚洲最大的玄奘纪念堂——玄奘三藏院建成。除基础设施建设外,增勤法师还积极为佛法的弘扬与研究做贡献,建立了西安佛教文化研究中心。他认为,佛教的真谛是消除人心中的妄想,使人不胡思乱想;勤上加勤,持之以恒,你就会成佛,或者已在成佛的路上。

2000年11月,增勤法师升座为大慈恩寺方丈。这一年是玄奘法师1400周年诞辰;这一年玄奘三藏院落成,玄奘顶骨舍利回故地安奉。这些是大慈恩寺新的辉煌与成就,也是大慈恩寺以新的面貌迎接海内外游客的一个开端。

四大班首,即首座、西堂、后堂和堂主。他们是方丈的助手,辅佐方丈开展工作。班首一般由戒腊较长、威望较高的僧人担任,与方丈共同组成掌管丛林大事的最高五人核心班子。他们平时住在禅堂两侧的班首寮内,有事则入方丈室共议。

八大执事指五大堂口的主要负责人及寺院其他重要的执事僧,包括监院(库房负责人)、知客(客堂负责人)、僧值(又名纠察)、维那(寺院监察)、典座(斋堂负责人)、寮元(云水堂负责人)、衣钵(方丈堂负责人)及书记等。

在寺院中,监院是仅次于方丈的职务,监院总领众僧,为一寺之监督,协助方丈管理寺院事务,处理一切行政事宜,对寺内僧众有指挥权,古代称为"监寺""院主""寺主"等,后为特尊住持而改称"监院",俗名为"当家"。大慈恩寺目前的监院是道宏法师。

三、大慈恩寺的僧众生活

世人对寺庙僧众的生活是非常羡慕的,认为他们非常超脱,晨钟暮鼓,青灯黄卷。连北宋仁宗皇帝也说:"若得为僧,便受人天供养。……出入于金门之下,行藏于宝殿之中。白鹿衔花,青猿献果。春听莺啼鸟语,妙乐天机;夏闻蝉噪高林,岂知炎热;秋睹清风明月,星灿光耀;冬观雪岭山川,蒲团暖坐。……板响云堂赴供,钟鸣上殿讽经。般般如意,种种现成。"

僧人早课诵经

但是僧众的日常生活并不像人们所想的那样。僧众的生活可以用"紧张""清苦"来形容，闻钟即起，听鼓而眠，笕响上殿，梆响过堂，日日如此，月月如此，年年依旧。大慈恩寺僧众的生活亦是如此。

僧众最基本的任务是课诵，具体为念持经咒、礼拜三宝及梵呗歌赞等法事，每天早晚必修，又称"朝暮课诵"。

布萨诵戒是佛教的传统，有利于维持僧团的清净与和合。比丘每半个月齐集布萨堂，请精熟律法的比丘诵《波罗提木叉戒本》，以反省过去半个月的行为是否合乎戒本；如果有犯戒者，应该在大众面前忏悔，使比丘都能长住于净戒中，长养善法，增长功德。

在重要的佛教节日，寺院还要举办专门的法会，进行祝圣、上供、回向祈福等。农历九月十九日是大慈大悲观世音菩萨的出家日，每年这一天大慈恩寺都要举办隆重的法会，举行庄严殊胜的三皈依仪式，增勤方丈为发心学佛的信众传授三皈依，并开示皈依的内容与意义。

此外，大慈恩寺的僧众也践行佛陀"慈悲济世"的出世之本怀、菩萨行者"拔苦与乐"之使命，在脱贫攻坚、新冠疫情期间积极捐款捐物，继承和弘扬了玄奘法师济世利人的精神。

第四节　曲江新区大雁塔·大唐芙蓉园

大慈恩寺、大雁塔地处西安市雁塔区，由曲江新区管委会负责开发管理。大雁塔风景区已成为中外游客来西安的必游之地，年接待游客 200 多万人次，境外游客达 40 多万人次。

一、曲江新区与大雁塔曲江风景区

曲江新区位于西安市东南部，原名西安曲江旅游度假区，是陕西省人民政府于 1993 年批准设立的省级旅游度假区。2003 年 7 月，经西安市政府批准，更名为曲江新区。曲江新区是以文化产业和旅游产业为主导的城市发展新区，是国家级文化产业示范区，已成为西部地区乃至全国最具活力的城市发展新区之一。2011 年被国家旅游局授予国家 5A 级景区，2012 年被科技部、中宣部等五部委联合授予国家级文化和科技融合示范基地。

大唐芙蓉园

曲江新区北至小寨东路、西影路，西至翠华南路、长安南路，东至雁翔路、长鸣路，南至雁塔长安区界、航天大道、东长安街。北邻碑林区，西邻雁塔区，东临浐灞生态区，南邻陕西航天经济技术开发区，核心区域面积51.5平方公里。

历史上的曲江就是著名的风景名胜，是皇家园林的代表，被誉为中国古典园林的集大成者。秦代的曲江名为隑州，意为临水的长洲。秦代在此建立宜春苑。《史记·秦始皇本纪》中有"以黔首葬二世杜南宜春苑中"，颜师古在注中说此苑"即今曲江池"之地。汉承秦制，在曲江建行宫宜春下苑，因其水波浩渺，池岸曲折，"形似广陵之江"，故而称为曲江。唐代正式征辟曲江为皇家园林，引终南山水源注入曲江，大大增加了曲江的水量。又在江边建芙蓉园、杏园、紫云楼、汉武泉、大慈恩寺和大雁塔等诸多景观，亭台、楼阁、殿宇林立，连绵不绝。优美的景色、浓厚的文化底蕴引得无数文人墨客前来游玩。根据《全唐诗》统计，唐代诗人专门歌颂曲江的诗歌有300余首。唐代著名诗人李白、杜甫、王维、白居易、元稹、宋之问、李商隐、韦庄等都创作过与曲江相关的诗歌。

曲江是唐代长安城最具魅力、最为雅致之所在，是建筑、园林、绘画、诗歌、宗教等汇聚的盛唐气象的典型代表。盛唐造就了曲江文化，曲江文化演绎了盛唐气象。曲江文脉，源远流长。因而在曲江设立文化产业区恰如其分。

1979年年底，国务院批准了西安市关于重建大雁塔曲江风景区的方案，拟建设大慈恩寺、大雁塔、曲江风景区、芙蓉园等数十处景观，总占地面积约7600亩。1983年成立西安大雁塔曲江风景区建设委员会，其下属办事机构为西安市大雁塔曲江风景区长安旅游开发公司。1983年，经国务院和陕西省政府批准，将原定的建筑面积扩大，还增加了旅游度假区、住宅别墅区等项目。新方案将大慈恩寺和大雁塔名胜游览区的面积扩大至2000亩左右，曲江风景区的面积扩大到3000亩，其中水域面积1000亩。

1993年，西安曲江旅游度假区成立。以大雁塔为中心，相继建成大雁塔北广场、大唐芙蓉园、曲江国际会展中心、曲江池遗址公园、大唐不夜城等项目，浓郁的历史风韵与现代化气息并存，提升了西安市整体的文化氛围，促进了西安旅游业的发展。

曲江新区核心文化景区内拥有4个国家级文物保护单位（大雁塔、青龙寺、汉宣帝陵、唐长安城遗址）、3个省级文物保护单位（宜春宫遗址、曲江池遗址、唐城墙遗址）、1个国家5A级景区（大雁塔·大唐芙蓉园景区）和1个国家4A级景区（曲江海洋世界），具有得天独厚的发展文化旅游产业的优势。其中，大雁塔既是国家级文物保护单位，又是国家5A级景区，是曲江新区核心文化景区的核心。

曲江新区充分依托西安大文化、大旅游的优势，相继建成六大遗址公园、六大文化场馆和系列文化广场。

六大遗址公园分别是曲江池遗址公园、曲江寒窑遗址公园、唐城墙遗址公园、唐大慈恩寺遗址公园、大唐芙蓉园遗址公园、秦二世陵遗址公园。曲江新区同时辐射、带动唐大明宫遗址保护区、西安城墙景区、临潼国家旅游休闲度假区和楼观中国道文化展示区等区域，形成了文化产业的全新发展格局。公共园林面积总计3300多亩，基本上为免费开放的文化景区。六大文化场馆包括电影城、美术馆、音乐厅、大剧院、陕西文学馆和民间艺术馆。系列文化广场包括大雁塔北广场、贞观文化广场、玄奘文化广场、和谐广场、中和广场等。初步形成了区域公共文化设施的规模化、集聚化，成为西安城市公共文化休闲、消费的重要场所。

此外，曲江新区还组建了曲江文化产业集团、曲江文化旅游集团、曲江文化商业集团等一批大型企业集团。曲江新区已跃升为西部最重要的文化、旅游集散地，陕西文化、旅游产业发展的标志性区域。

二、唐大慈恩寺遗址公园

唐大慈恩寺遗址公园依托大雁塔、大慈恩寺，是大雁塔文化休闲景区中相对独立且主题特色鲜明的开放式园林。公园建在原大雁塔的遗址上，紧邻大慈恩寺，充分利用了大雁塔的历史价值、景观特色和宗教意义，成为西安市民休闲娱乐的好去处。

唐大慈恩寺遗址公园坐落在大雁塔南广场东北侧，其前身是曲江春晓园，初建于20世纪80年代。2008年7月1日，经曲江新区管委会重新进行艺术定位和改造，更名为唐大慈恩寺遗址公园，并正式开放。公园紧邻大雁塔，其主题为"禅悟"，园区的景观无不传达出"禅悟"的思想，让人感受到中国佛教特有的宗教体验，起到明心见性的作用。

公园将佛教文化与隐逸文化紧密结合，以求在热闹的都市中提供一处静谧的空间，使人们能够感受到心灵的宁静。设计者用雕塑、植被等表达出对内

唐大慈恩寺遗址公园

心禅境的向往，营造出超然、悠然、隐遁、空灵的意趣。园区设计深刻体现了中国传统文化中"天人合一"的理念，具有四大特色：一是构架山水，师法自然；二是山水寄情，禅意空间；三是野趣茶庭，风雅亭台；四是移天缩地，意趣无限。

公园的雕塑独具特色，有唐高宗建寺雕塑、玄奘建塔雕塑、鉴真东渡雕塑、大佛像等。高宗建寺雕塑以圆雕的形式表现了唐高宗李治建造大慈恩寺的情形，雕塑中，李治正指挥工匠营建寺院。玄奘建塔雕塑表现了玄奘主持修建大雁塔时的情景，雕塑中，玄奘亲自设计图样，与官员们研究设计方案；右侧的工匠手捧图纸认真聆听，右侧摆放的砖也隐含了玄奘历尽艰险前往天竺取经的故事；左侧的小和尚手捧图纸，仰望着层层建起的大雁塔，展望着美好的未来。鉴真东渡雕塑，鉴真与空海之间以浪花石雕连接，象征着中日友好往来的桥梁，表现了中日一衣带水，文化交流源远流长。玄奘西行与鉴真东渡虽方向不同，但他们不畏艰难险阻立志普度众生的精神值得我们学习，是全世界的精神财富。他们用自身的行动促进了佛教的传播和繁荣。大佛像与公园的文化背景相契合，更能衬托出佛教园林的宗教氛围。

公园里还种植了大片的牡丹，形成了牡丹园。唐高宗时期，武则天移汾州（在今山西境内）牡丹到京师长安，人们开始熟知这种美丽的花卉。唐代赏牡丹

唐高宗建寺雕塑

玄奘建塔雕塑

蔚然成风，周敦颐在《爱莲说》中写道："自李唐来，世人甚爱牡丹。"盛唐时期，长安城牡丹盛极一时，姚黄、魏紫争艳，人面牡丹相映红。

三、大雁塔·大唐芙蓉园景区

2011年，西安曲江大雁塔·大唐芙蓉园景区晋升为国家5A级景区，这是陕西继秦始皇兵马俑、华清池、黄帝陵之后的第四个国家5A级景区，是西安市属的第一个国家5A级景区，同时也是全国首个区域性、多景点整体打包晋级的国家5A级景区。景区总面积5700亩，拥有"六园一城一塔"的总体布局。"六园"即大唐芙蓉园、曲江池遗址公园、唐城墙遗址公园、唐大慈恩寺遗址公园、曲江寒窑遗址公园、秦二世陵遗址公园，"一城"即大唐不夜城，"一塔"即大雁塔。

大唐芙蓉园位于大雁塔东南侧，唐代芙蓉园遗址北面。园区仿照唐代皇家园林式样建造，是中国第一个全方位展示盛唐风貌的大型皇家园林式文化主题公园，占地面积1000亩，其中水域面积300亩。

芙蓉园在秦代为宜春苑。隋开皇三年（583年），隋文帝杨坚正式迁入都城大兴城，因为厌恶曲江之名，觉得很不吉利，于是对曲江进行改造，并将这里更名为芙蓉园。隋炀帝时，名匠黄衮在曲江池中雕刻各种水饰，将流觞曲水引入这里，给芙蓉园赋予了人文精神，为唐代曲江文化的形成奠定了基础。唐代在隋代芙蓉园的基础上，修建了紫云楼、彩霞亭、凉堂与蓬莱山，引黄渠之水，扩大芙蓉池与曲江池的水面。唐玄宗时，对曲江进行了更大规模的扩建，使其盛况空前绝后。他还修建了从大明宫途经兴庆宫直达芙蓉园的夹城，使这几大宫殿、名胜连成一片。经此次扩建，芙蓉园呈现出宫殿连绵、楼亭起伏的盛景。"江头宫殿锁千门，细柳新蒲为谁绿。"扩建后的芙蓉园成为皇族、僧侣、平民汇聚盛游之地。大雁塔、曲江与芙蓉园成为当时文人雅士经常相聚的地方，曲江流饮、杏园关宴、雁塔题名、乐游登高等文坛佳话均发生在这里，提升了曲江一带的文化底蕴，奠定了盛唐文化繁荣的基础。

随着唐王朝的覆灭，芙蓉园也遭受了灭顶之灾，慢慢湮没在历史的长河中，已无踪迹可寻。现今的大唐芙蓉园是根据历史文献资料修建起来的新园林，由张锦秋院士进行总体规划和设计，复建了紫云楼、仕女馆、御宴宫、杏园、芳林苑、凤鸣九天剧院、唐市等建筑，是中国最大的仿唐皇家建筑群，2002年开工建设，2005年正式对外开放。

唐城墙遗址公园

大唐芙蓉园中设置了 14 个主题景观文化区,包括帝王文化区、女性文化区、诗歌文化区、科举文化区、茶文化区、歌舞文化区、饮食文化区、民俗文化区、外交文化区、佛教文化区、道教文化区、儿童娱乐区、大门景观文化区、水秀表演区等,集中展示了中国封建王朝顶峰时期的精神风貌和文化艺术,展现了浑厚雄壮的盛唐气象。

曲江池遗址公园是在原曲江池的基础上修建的遗址类公园,由张锦秋院士担任总设计师。公园从文物古迹的保护性开发、城市功能配套和区域生态环境建设的角度出发,依托周边丰富的旅游文化资源和人文传统,恢复性地再造了曲江南湖、曲江流饮、汉武泉、宜春苑、凤凰池等历史文化景观,再现了曲江地区"青林重复,绿水弥漫"的山水人文格局,构建起集生态环境重建、观光休闲娱乐、现代商务会展等功能于一体的综合性城市生态和娱乐休闲区,使游客们能够走近历史,感受人文氛围。

唐城墙遗址公园位于大雁塔南侧,大唐不夜城南 500 米处,在东西向平行的雁南二路和雁南三路之间,是唐代长安城的南城墙所在地。东西全长 3600 米,宽 100 米,占地 540 亩,由张锦秋院士担纲设计,通过工程技术手段再现了城墙、城壕、城门、里坊、坊墙、城市街道等要素。唐城墙遗址公园与曲江池遗址公园、唐大慈恩寺遗址公园同于 2008 年 7 月 1 日建成开放。

曲江寒窑遗址公园是中国第一个大型婚俗婚礼婚仪体验式主题公园,位于曲江新区东南隅,紧临曲江池遗址公园,与大雁塔、大唐芙蓉园和大唐不夜城隔水相望。公园以寒窑遗址和王宝钏与薛平贵的爱情传说为线索,也是集遗址保护、旅游开发、文化产业建设于一体的爱情主题公园。

秦二世陵遗址公园位于曲江池遗址公园南岸,是以秦二世胡亥陵墓为主题的遗址公园。园区极具秦风特色,以遗址保护为原则,以秦亡警示文化、秦文明反思文化为内涵,以提升区域人文环境、生态环境、旅游环境为目的,是集遗址保护、文化展陈、园林建设于一体的秦文化遗址公园。

2010 年 9 月,大唐不夜城开元广场开放,标志着大唐不夜城景观步行街全线贯通。大唐不夜城以盛唐文化为背景,以唐风元素为主线,是展示和体验西安唐文化的首选之地。大唐不夜城以大雁塔南广场到唐城墙遗址之间的连线为轴线,由北向南分别为商业步行街、贞观广场、文化交流广场、庆典广场、古城墙遗址公园 5 个景观区域。5 个区域分别蕴含了起源、交流、祥和、欢庆、铭记之意。大唐不夜城展现了千年古都的历史文脉和文化轴线,凸显了西安的城

大唐芙蓉园一角

市精神和文化意蕴。在特殊的节日，大唐不夜城会推出与节日相关的主题活动，通过历史与现代融合、明星与游客联动，利用历史文化特色和现代科技创新，与市民、游客同欢共庆。

如今的大雁塔·大唐芙蓉园景区已成为游客的乐土、市民的家园、城市的窗口、文化的胜地，被誉为西安的"城市会客厅"，为西安乃至陕西的文化建设和旅游业发展带来了极大的品牌效应，为旅游业提供了更加完善的硬环境和软实力。大雁塔·大唐芙蓉园景区将建设更加完备的旅游综合服务体系，进一步提升和强化西安旅游的国际形象，对兑现城市价值、转变发展方式、提升市民幸福感起到强大的推动作用。

附　录

附录一　有关大慈恩寺的历史传闻

一、雁塔宝地须弥山

大慈恩寺（大雁塔）位于渭河冲积带上，自古即成高丘。南有曲江之水，北为断裂带边缘，四周皆平，唯此处高。历代相传，此高丘非人力所为，乃天力造就。传说，有一次狂风大作，飞沙走石，黄土盖地，风势旋转，如龙卷风起。风停之后，旋风中心形成了高如须弥之山，乃佛法之力也（见《大慈恩寺方丈手记》，陕西佛化社康寄遥社长存手抄本）。按，"须弥"乃古印度传说中的山名，以它为人们所住世界的中心，日月环绕此山回旋出没，三界诸天依之层层建立。佛教也采用此说。佛经中说，须弥山高耸入云。佛像中除莲花座外，还有须弥座（又名"金刚座"）。

大慈恩寺北面有一条断裂带，地表逐年下沉，所以使大慈恩寺的地势逐渐增高。由于在这里择高地建寺造塔，人们就把自然形成的高地加以神话，以表明这里是"风水宝地"。

二、净觉寺的缘起

北魏太武帝延和二年（433年）春三月某夜，太武帝拓跋焘做了一个梦，梦见京城（平城，即今山西大同）西南方向出现了净土境界（指无五浊——劫浊、见浊、烦恼浊、众生浊、命浊垢染的清净世界），人死后，亡灵在这个净土境界享受清净的生活：每日饮甘泉之水，食鱼米之饭，四季如春，自生自熟，不需耕作，不用烹饪，甘泉自来，饭菜自熟，逍遥自在，安乐无限，妙境天成，永无改变；牛羊驼马，鱼龟虾蟹，五谷蔬菜，果品桃李，山珍海味，应有尽有；绫罗绸缎，皮毛毡绒，布帛衣帽，金银首饰，四时穿戴，应时俱全；男女老少，各有所养，按时供给，多寡有定，不需钱买，不愁衣食；随处可居，迁徙自便，房舍屋宇，任自挑选，州船停泊，随时可乘；海途往来，方便安全，既无军旅，也无战争，和平相善，各自安宁。入境处有牌楼一座，上书"净觉妙境"四字。太武帝一觉醒来，记忆犹新，"净觉"二字尤为清晰。

天明之后，太武帝即刻传令寻访西南各处。入潼关，到长安，到了曲江之滨，看见一处高丘，云雾缭绕，"净觉妙境"复现，立即命令在此高丘之上兴建净觉寺。大慈恩寺就是在北魏净觉寺的遗址上建造的。

三、无漏寺的由来

隋文帝杨坚以崇信佛法著称。他称帝的第九年（589 年），后宫争宠，使他大为烦恼。下朝之后回到后宫，嫔妃们又争相诉屈，各不相让，使他不得安宁。他想来想去，只好到郊野僻静之处散心。于是传令起驾，来到曲江之畔，顺池到一高丘之上，见是一处寺庙遗址，即北魏所建之净觉寺故址。寺庙虽残破，但破殿、佛像尚存。隋文帝即传令停辇，入殿礼佛。一连顶礼叩拜了一百次，顿觉烦恼大消，真可谓"一声阿弥陀佛，万事俱可过"。他心想，女人家之事，无关大局，随它去吧，何必为之烦恼呢！想到这里，大感自在，认为佛法无边，足以解脱烦恼之苦，遂传谕立即兴工，在净觉寺故址修建无漏寺。这就是无漏寺的由来。

按，古代用漏斗滴水计时，"无漏"就是指不闻漏斗滴水之声，意思是快乐得忘了时辰。在佛教中，"漏"是指烦恼。有烦恼之法云"有漏"，离烦恼之法为"无漏"。

四、大慈恩寺的由来

唐太宗贞观年间，未建大慈恩寺之前，太子李治亲自去弘福寺（位于唐长安城修德坊西北，贞观八年，即 634 年，唐太宗李世民为其母太穆皇后窦氏追福所立）朝拜。他回到宫里，当夜做了一个梦，梦见了观音菩萨和他的生母文德皇后长孙氏。观音菩萨同他母亲来到时，空中飘下一朵云彩，彩云飘香，满屋金辉。他跪拜完毕，胸中涌起一股暖流，一时热泪盈眶，走上前去，与母亲抱头大哭。正在哭泣时，忽听五更鼓已响，金鸡报晓了。从此，李治更加怀念母亲，遂兴建大慈恩寺作为纪念慈母之恩的场所。

按，隋无漏寺至唐武德元年（618年）已经废弃。唐太宗贞观二十二年（648年），太子李治因生母文德皇后早逝，为补报慈母大恩，在无漏寺故址建寺，名大慈恩寺。当时大慈恩寺在晋昌坊，在大明宫的正南方，李治每日朝夕于含元殿遥望大慈恩寺礼拜。

五、大慈恩寺牡丹

大慈恩寺内广植奇花异草、名树珍木，其中的牡丹，不仅以叶阔花巨、大红大紫、耀眼夺目而艳压群芳，更以雍容华贵、国色天香而受到皇室贵族和文人雅士的喜爱，身价倍增。大慈恩寺内不但广植牡丹，而且其牡丹以品种精优享誉京城。

据史料记载，大慈恩寺内有两丛牡丹，每到花期竟有五六百朵同时开放。更令人称奇的是，元果院的紫牡丹会早开半个月，太真院的白牡丹要晚开半个月，使得大慈恩寺的牡丹花期比别处前伸后延长达一个月之久。何以如此？相传文殊菩萨的诞辰之日是四月初四，元果院的牡丹早开半个月，为其诞辰增彩；药王的诞辰之日是四月二十八日，太真院的牡丹晚开半个月，为其诞辰添色。

近世有花卉学家考察，此现象是地温差别造成的。元果院在今大雁塔和园林技工学校一带，地温较高，故花木早开；太真院地处今北池头村以东，地温较低，故牡丹晚开。近年已从大雁塔苗圃下钻探出地下温泉，便可证斯论。

大慈恩寺牡丹位尊花魁，占尽京华十分春色，于是全国各州府县多派人取种引植，故有谚云："长安牡丹通九州，慈恩名花传四海。"

传说，武则天即位后权倾天下，有一年立春前两日，要到上苑（曲江）赏花，忽发奇想，作《腊日宣诏幸上苑》（又名《催花诗》）一首："明朝游上苑，火速报春知。花须连夜发，莫待晓风吹。"命百花在春寒料峭之夜一齐绽放。百花皆惮其淫威，无奈之下启瓣展蕊。唯牡丹拒不听从这有违天理物候的圣命，抗旨不开。武则天大怒，立刻下旨，将牡丹降格贬谪洛阳。这反倒使美艳绝伦、雍容华贵的牡丹增添了刚毅伟岸、傲视权贵的风骨。牡丹一到洛阳，开得更加艳丽了。武则天越发愤怒，又命人以火焚之。不料未久牡丹又启瓣重开，灿若云霞。此品种被后人称为神品——焦骨牡丹。

洛阳接纳了这个锦绣花族，使之繁衍生息，并大放异彩，终成大气候，世称"洛阳牡丹甲天下"。然而，牡丹一定会牢记"宗祖本根在慈恩"。

附录二　大雁塔歃血结盟人物小传

众所周知，"雁塔歃盟"是陕西辛亥革命史上一个重要事件。

1910年7月9日，陕西同盟会革命党人和新军中哥老会首领，包括井勿幕、钱鼎、张钫、胡景翼、邹子良、张光奎、李仲三、张宝麟、党自新、朱叙五、张云山、万炳南、王荣镇、陈树发、朱福胜、马玉贵、吴世昌、马福祥、刘世杰、陈殿卿、郭锦镛、刘刚才、朱汉庭、张玉成、曹健安、郭胜清、张建有、陈素子、李汉章、陈得贵、刘仲明、李长兰、邱彦彪、马开臣、王克明等30多名反清义士，在西安南郊大慈恩寺（俗称大雁塔）内秘密集会，歃血为盟，结为兄弟，号称"三十六弟兄"，发誓团结一心，共图革命大计，史称"大雁塔歃血结盟"。自此，陕西同盟会革命党人和哥老会反清力量正式汇为一体，为辛亥革命中西安的成功起义创造了必要的前提。

其实这次歃血结盟的参与者不止36人，因为哥老会认为36合"天罡"之意，是吉祥的数字，故以"三十六弟兄"称之（《水浒传》中梁山泊忠义堂结义中，即有所谓"三十六天罡"）。现将参加这次结盟的主要人物做简要介绍。

井勿幕（1888—1918），字文渊，陕西蒲城县人。1903年从四川赴日本留学，先后入东京大成中学和经纬学堂就读。1905年8月参加中国同盟会成立大会，旋奉孙中山命回陕建立同盟会陕西支部，任支部长。第二年夏再赴日本，与赵世钰等在东京成立同盟会陕西分会。1907年又回陕西联络会党。1908年2月在东京参与创办《夏声》杂志，为主要负责人之一。他以"侠魔"为笔名，撰文宣传革命，并介绍马克思学说。同年10月再次回到陕西，参加并领导了学生运动"蒲案"，后又积极准备在陕西起义。1910年7月9日参加大雁塔歃血结盟，促成了陕西同盟会和哥老会的联合。1911年10月西安"反正"后，任陕西军政府北路安抚招讨使，处理渭北事务，继又率军增援山西与陕西西路。1912年8月，同盟会改组为国民党，井勿幕任国民党陕西支部副支部长。1913年"二次革命"失败后，一度避居日本。1915 年到云南参加护国战争。1916 年 3 月联合国民党人士发表反袁宣言。1918 年 11 月被推举为陕西靖国军总指挥，不久后遇害。孙中山曾高度赞扬井勿幕，称他为"西北革命巨柱"。

钱鼎（1884—1911），字定三，又字绍起，陕西白河县人。幼年在乡塾读书，后考入陕西陆军小学堂。1907 年被选送到保定陆军速成学堂步兵科。在校期间，与同学创建了陆军同学会、醒狮社、同胞会等组织，并与中国留日学生中的反清志士联络，秘密反清。1909 年春从保定陆军速成学堂毕业，赴天津大沽口炮台等地见习，游历了青岛、上海、杭州、武昌等地。回陕后，先后担任陕西新军排长、队官（连长）、督队官（营副）等职。与张钫等人组织军事研究社，在下层官兵中宣传同盟会革命宗旨。为争取哥老会反清，又加入哥老会，深得同盟会与哥老会会众的信任和敬重。1910 年 7 月 9 日参加大雁塔歃血结盟。西安"反正"前，与张钫等商定起义时间与总指挥人选等。起义爆发后，率所部攻占西安城外西关，收缴了陆军中学堂的枪械，又占领了西安城内制高点钟楼，并参与指挥起义军攻占满城。军政府成立后，被推举为秦陇复汉军副统领。1911 年 10 月 30 日率学生军 30 余人开赴潼关防守，拟沿途招募新兵。11 月 1 日在渭南被当地劣绅煽动刀客杀害。

张钫（1886—1966），字伯英，号友石，河南新安县人。1904 年考入陕西陆军小学堂，1907 年毕业，被选送到保定陆军速成学堂炮科深造，其间加入同盟会，与钱鼎等创建陆军同学会、醒狮社、同胞会等，秘密反清。1909 年春毕业回陕，翌年任陕西陆军混成协炮营右队排长，旋升任队官（连长）。1910 年 7 月参加大雁塔结盟仪式。后与钱鼎、党自新等创办军事研究社，作为同盟会的秘密机关。西安"反正"前夕，根据当时的形势，与钱鼎商议 10 月 22 日起义，并请张凤翙任起义总指挥。起义之日，率部占领军装局，对西安起义的成功贡献很大。陕西军政府成立后，任军政部副部长。钱鼎东征遇难后，张钫任秦陇复汉军东路征讨大都督，率部与清军在潼关一带多次激战。中华民国建立后，任陕军第二师师长。1916 年 3 月因参加"护国运动"被押至北京，在袁世凯死后获释。后相继任陕西靖国军副总司令、河南省代理主席兼二十路军总指挥、国民党军事参议院副院长等职。1949 年 12 月在四川郫县（今四川成都郫都区）起义。1954 年任全国政协委员。1966 年在北京病逝。一生对文教事业颇有贡献。

胡景翼（1892—1925），字笠僧，又作励生、立生，陕西富平县人。1908 年考入西安健本学堂。1910 年加入同盟会。倡议联合哥老会、刀客共同反清，并为此加入哥老会，出席大雁塔结盟仪式。1911年10月西安"反正"时，在耀县（今陕西铜川耀州区）药王山举兵响应，任井勿幕部第一标标统。中华民国建立后，赴日本留学，后回国参加"二次革命"。1914年夏再度赴日，学习军事，毕业回国前谒见孙中山，深受器重。回国后，在陈树藩部下先后任营长、团长等职。1917年参加组织靖国军，先后任陕西靖国军右翼军总司令、第四路司令、靖国军总指挥。1924年10月与冯玉祥等发动北京政变，组织国民军，任国民军副总司令兼第二军军长、河南军务督办兼省长。1925年4月10日病逝于开封。

邹子良（1879—1914），名炎，又作炳炎，字子良，原籍甘肃宁州（今甘肃宁县），寄居在陕西三原县。少时家贫，在三原一户富豪家做书童。因聪颖好学，得主人资助读书，1906年留学日本，其间加入同盟会。1908年回国，与南雪亭等人创办西安女子小学堂，提倡女子放足。复奔走于渭北各地，以办牧羊场、采矿场为掩护，联络反清志士。1910年春，被推举为渭北同盟会的四位领导人之一。西安"反正"后，任兵马都督张云山部参谋，调解会党与同盟会之间的矛盾。陕西西路激战期间，任秦陇复汉军西路军务经略，指挥邠州（今陕西彬州）、长武一带战事。中华民国建立后，辞去军职，在耀县等地创办模范村，希图实现孙中山的民生主义主张。"二次革命"时，积极奔走，组织反袁斗争。1914年春被陕西都督张凤翙奉袁世凯之命枪杀于西安。

张光奎（1879—1937），字聚亭，陕西长安县（今陕西西安长安区）人。毕业于陕西武备学堂，任陕西陆军混成协一标二营左队司务长，其间加入同盟会。1910年，与钱鼎、彭世安等人在西安东岳庙组织军事研究社，名为研究、讲解军事知识，销售军事书籍之组织，实为同盟会革命党人的秘密机关，探听和收集清军情报。同年与辛亥革命中著名的女英雄卢慧卿结为伴侣，历尽艰辛，但其家一直是同盟会的秘密活动据点。西安"反正"后，任秦陇复汉军政府参政兼东路筹饷大使。中华民国建立后，任陕西实业司司长，创办机器、面粉、制革等工厂，加授陆军上校。在陆建章督陕期间，任陕西清乡会办，因掩护反陆革命党人，被迫出走天津。1933年4月邵力子主政陕西后，任陕西省政府顾问。晚年家境贫困，1937年病逝于西安，赖友人资助得以安葬。

张宝麟（1883—1946），原名允赞，字仲仁，祖籍湖南桃源县，生于陕西紫阳县。早年家贫，1907年从陕西陆军小学堂毕业后，被选送到保定陆军速成学堂炮科学习，其间加入同盟会。1909年毕业回陕西，任陕西陆军混成协炮营排长等职，参与创建秘密组织同胞社、军事研究社，并参加了大雁塔结盟仪式。西安"反正"时，是主要领导人之一。陕西秦陇复汉军政府成立后，先后任陕西南路宣慰安抚招讨使、第七协协统、汉中镇守使等职。主政汉中期间，颇有政绩。在陈树藩主政陕西期间，任陈部第七混成旅旅长及陕南镇守使。在陈树藩失败离陕后，脱离军界，信奉佛教，加入同善社，并捐献房产弘扬教义。1929年汉中灾荒，曾开设粥厂救济灾民。武汉沦陷后，齐燮元组建华北日伪组织，派人邀请张宝麟参加，遭到严词拒绝。后辗转回到汉中，一病不起。1946年6月在汉中病逝。

党自新（？—1961），名仲昭，字自新，以字行，陕西三原县人。1907年入保定陆军速成学堂，在校期间加入同盟会。1909年毕业回陕，任陕西陆军混成协炮营中队队官（连长），与钱鼎等人创建军事研究社。1910年7月9日出席大雁塔结盟仪式。西安"反正"时，与张钫率部攻占军装局。陕西秦陇复汉军政府成立后，任军政部部长（旋改为军政司司长）、都督府参谋长等职。在陆建章督陕后去职。曾参加反袁护国斗争。1916年陈树藩督陕时，任其为陕北镇守使，坚辞不就，后居家不出。1961年逝世。

朱叙五（1891—1969），名彝铭，字叙五，以字行，原籍山东，寓居陕西临潼县（今陕西西安临潼区）。1907年入陕西武备学堂学习，在校期间加入同盟会。1909年毕业后任陕西陆军混成协炮营左队队官（连长），后参加大雁塔结盟仪式。西安"反正"时，参加了攻占军装局行动。陕西秦陇复汉军政府成立后任炮兵队队长。中华民国建立后，任都督府参谋处一科科长、陕西陆军测量学校校长、陕西陆军测量局局长等职。中华人民共和国成立后，任陕西省政协第二、三届委员会常委。1960年与党自新合撰长篇回忆录《陕西辛亥革命回忆》。1969年逝世。

张云山（1877—1915），字凤岗，陕西长安县人。他是清末反清帮会组织哥老会在新军中实力最强的首领，经井勿幕、胡景翼等人介绍，加入同盟会，参加了大雁塔结盟仪式，并与同盟会会员共同组建同盟堂，发展反清力量。西安"反正"时，率领哥老会会众进攻满城，并督队攻占北城门。陕西秦陇复汉军政府成立后，任军政府调遣步马炮工辎各标营队总都督。曾奉命率部西征，与清军殊死搏杀，苦守乾州（今陕西乾县）长达三个多月，对保卫西安居功至伟，有"秦军西面长城"之誉。中华民国建立后，任秦军第一师师长。1914年6月陆建章主持陕政时，削其兵权，改任其为旅长兼陕北镇守使，却又不让他到任。1915年7月忧愤而死。

万炳南（1881—1913），湖北郧西县人。早年加入哥老会，颇有势力。先在陕西清军巡防营当兵，陕西新军建立后，入伍任一标三营正目（班长）。与同盟会密切合作，进行反清斗争，出席了大雁塔结盟仪式。西安"反正"时，率哥老会会众攻占军事参议官衙门，又与钱鼎、张云山等指挥军队攻占满城。陕西秦陇复汉军政府成立时，与张凤翙争当大统领，又与张云山揭起哥老会（洪汉）旗帜，使革命军几乎分裂。后经吴世昌、马玉贵等人说服，就任副统领。西路战役中，率部赴凤翔作战，给清军以重大杀伤。又与甘肃起义的黄钺互为依靠，对稳定西路局势贡献很大。1912年陕军奉命改编，万炳南被任命为旅长。他嫌职务低而不服，做种种要挟，使局势一度甚为紧张。1913年4月13日，张凤翙以其抗命改编为由，亲手将其枪杀。

马玉贵（1885—1957），字青山，回族，湖北谷城县人。早年因家贫而从军。1909年到西安任陕西陆军混成协二标一营左队正目（班长）。后加入哥老会，与张云山、万炳南等人均为新军中会党的重要人物。经钱鼎等介绍，加入同盟会，出席大雁塔结盟仪式。西安"反正"时，率起义军进攻满城，并带兵在西安巡城，维持秩序。陕西秦陇复汉军政府成立后任秦陇复汉军粮饷都督。坚决反对张云山、万炳南树立洪汉旗帜、分裂起义军的活动，又发布公告，维护西安回汉民族的团结，稳定人心。多方设法保证东西战场的军需供应。中华民国初年，陕西军队整编，任陕军第一师第二旅旅长。后任陆军部少将咨议、绥远特别区警备司令等职。1957年9月25日病逝于北京。

吴世昌，字华堂，湖北郧西县人，生卒年不详。清末来陕，投身新军，是新军中哥老会的重要人物，出席了大雁塔结盟仪式。西安"反正"后，任陕西秦陇复汉军政府兵马副都督，率军队与清军在潼关一带激战。东路议和后，又率军队与西路清军激战于咸阳，腿部中弹仍奋力督战，毫不退缩。中华民国建立后，以军功授陆军少将，随后离开军队，闭门学佛20余年。68岁时逝世。

刘世杰，字俊生，河南南阳人，生卒年不详。清末到陕西，先后在陕西巡防队、陕西陆军混成协一标一营当兵，是新军中哥老会的重要人物，曾出席大雁塔结盟。西安"反正"时，率军进攻巡抚衙门及满城。陕西秦陇复汉军政府成立后，任秦陇复汉军军令都督，率部与清军激战于潼关等地。中华民国建立后，任陕军第二师第三旅旅长。20世纪20年代末，任国民军南路军总司令岳维峻部旅长，驻军老河口，因士兵闹饷被杀，时年56岁。

陈殿卿，湖北均州（今湖北丹江口市）人，生卒年不详。清末加入陕西新军，任陕西陆军混成协二标一营护兵，为哥老会首领。曾出席大雁塔结盟仪式，参加了西安"反正"。陕西秦陇复汉军政府组建时，陈殿卿坚决支持张凤翙任秦陇复汉军大统领，反对会党首领张云山、万炳南等争名夺位。秦陇复汉军政府成立后，任秦陇复汉军监军，参加了东路革命军反抗清军的战斗。中华民国建立后，任陕军第五协协统。1914年得知袁世凯亲信陆建章将督陕，张凤翙被迫离陕，遂弃职居家不出而终老。

郭锦镛（1874—1916），河南新野县人。早年考秀才不第，遂弃文学武，入陕西巡防队任正目（班长）。陕西新军建立后，投身新军，任炮营右队正目，为新军中哥老会首领。曾出席大雁塔结盟仪式。西安"反正"时，与张钫率新军炮兵攻占军装局，使起义军得到武器弹药。陕西秦陇复汉军政府成立后，任秦陇复汉军东路征讨副都督兼第三标统带，与张钫率部东征。中华民国建立后，任陕军第四协协统，嗣后离开军界。1916年因密谋起兵反对袁世凯称帝，被主持陕政的陆建章杀害。

邱彦彪，湖北江夏县（今湖北武汉市江夏区）人，生卒年不详。清末来陕，以武秀才身份入清军任职，哥老会的重要首领。1908年加入同盟会，与新军中钱鼎、张钫等同盟会骨干人物秘密进行反清革命。出席了大雁塔结盟仪式。西安"反正"后，任秦陇复汉军第三标统带（团长），并负责西安城防安全。在陕西西路战役中，率部与升允率领的清军在凤翔、岐山一带血战。中华民国建立后，离开军界，与柯松亭等人创办《秦镜日报》，阐扬正义。陈树藩任督军主持陕政时，因批评时政，柯松亭被杀害，报社被查封。邱彦彪被迫避居汉中，后被陈树藩部陕南镇守使张宝麟杀害。

马开臣（1879—1914），名文明，字开臣，以字行，陕西长安县人。1908年加入同盟会，以其教书的私塾及其家开设的存心堂书铺为同盟会的秘密活动地点，并销售反清书刊。西安"反正"后，任张云山部参谋，调解会党与同盟会革命党人之间的矛盾，并参与军机，随张云山坚守乾州，与清军鏖战。"二次革命"时，与邹子良等积极奔走反袁。"二次革命"失败后，袁世凯屠杀反袁志士，1914年春，马开臣被陕西都督张凤翙奉命逮捕杀害。

附录三　大慈恩寺近20年（2000—2020）大事记

2000年11月21日，增勤法师升座为大慈恩寺方丈。

2004年4月22日，中国佛教协会在大慈恩寺召开第七届理事会佛教教务工作委员会第一次工作会议。

2005年9月27日至29日，陕西省佛教协会在西安召开第五次代表大会，增勤方丈当选为副会长。

2006年7月8日至9日，西安市佛教协会第五次代表大会召开，增勤方丈当选为会长。

2006年10月15日，"玄奘之路·世界和平祈福典礼"在大慈恩寺圆满举行，佛教信徒5000余人参加了活动。

2007年2月4日至12日，增勤方丈应邀出席我国政府援建的印度玄奘纪念堂修复竣工大典。

2007年4月12日，日本友人龙道华彩及日本佛教信众向大慈恩寺捐赠一尊高3米的开运菩萨铜像，大慈恩寺组织了隆重的安奉、开光仪式。

2008年3月30日，西安大唐茶文化研究中心在西安成立，增勤方丈当选为中心主任。

2008年5月15日，大慈恩寺为四川汶川地震灾区捐款献爱心，寺院法师、职工、护法居士及游客现场捐款30040余元，寺院捐款20万元。

2009年10月27日，大慈恩寺举办首届长安佛教国际学术研讨会、大雄宝殿重修落成典礼、佛像开光法会。

2010年2月1日至3日，中国佛教协会第八次全国代表会议在北京召开，增勤方丈被推选为副会长。

2010年10月16日，"长安雅集·雁塔题名"开幕式在大慈恩寺举办。

2010年10月28日，尼泊尔总统拉姆·巴兰·亚达夫一行17人参观大慈恩寺。

2010年12月，国家旅游局批准大慈恩寺大雁塔景区为国家级旅游景区。

2011年4月20日，哥伦比亚民族团结社会党领导人、国会主席兼参议长阿曼多·贝内德蒂夫妇一行到大慈恩寺参观。

2011年5月17日，全国政协副主席陈奎元一行到大慈恩寺参观。

2011年7月14日，全国人大常委会原副委员长李铁映一行到大慈恩寺参观。

2012年8月14日，全国人大常委会原副委员长许嘉璐一行到大慈恩寺参观。

2012年8月19日，哥斯达黎加共和国总统劳拉·钦奇利亚·米兰达一行到大慈恩寺参观。

2013年3月18日，《西安日报》刊登大雁塔（大慈恩寺）在西安的5A级景区中满意度排名第一。

2013年9月20日，中国国民党荣誉主席连战到大慈恩寺参观。

2013年12月12日，大慈恩寺被命名为宗教界爱国主义教育基地。

2014年4月3日，全国政协副主席卢展工一行到大慈恩寺视察工作。

2014年5月20日，中共中央政治局原常委贾庆林到大慈恩寺参观。

2014年6月22日，在卡塔尔首都多哈召开的第38届世界遗产大会上，由中国、哈萨克斯坦与吉尔吉斯斯坦跨国联合申报的"丝绸之路：长安—天山廊道的路网"丝绸之路项目列入《世界遗产名录》。西安市汉长安城未央宫遗址、唐长安城大明宫遗址、大雁塔、小雁塔、兴教寺塔成为世界文化遗产。

2015年4月19日，中国佛教协会第九次全国代表会议在北京开幕，增勤方丈当选为中国佛教协会副会长。

2015年5月14日，中国国家主席习近平陪同印度总理莫迪参观大慈恩寺，王沪宁、栗战书、杨洁篪等陪同。

2015年9月1日，联合国教科文组织总干事伊琳娜·博科娃夫妇一行5人访问大慈恩寺。

2016年4月2日，全国政协副主席王家瑞一行到大慈恩寺参观。

2016年5月14日，玄奘手植娑罗树子树从铜川移植到大慈恩寺。

2017年4月12日，西安市第三届佛教讲经交流会——"明宗溯源·再续佛光"陕西佛教祖庭住持讲祖庭活动在大慈恩寺举行。

2018年1月8日，法国总统马克龙与第一夫人布丽吉特参观访问大慈恩寺。

2018年4月21日，中共中央政治局原常委刘云山到大慈恩寺调研。

2018年5月20日，国务院原副总理吴仪到访大慈恩寺。

2019年4月8日，全国政协副主席苏辉一行赴大慈恩考察。

2019年4月25日，尼泊尔联邦民主共和国总统比迪娅·德维·班达里一行访问大慈恩寺。

2019年10月18日,全国政协常委、中国佛教协会西藏分会理事会会长班禅额尔德尼·确吉杰布到访大慈恩寺。

2020年新冠肺炎疫情期间,大慈恩寺捐款150万元,捐献3台负压救护车、口罩1万个、消毒水50吨。